La Lueur dans l'Abîme

Henri BARBUSSE

La Lueur dans l'Abîme

Ce que veut le Groupe CLARTÉ

Nous voulons faire
la Révolution dans
les esprits.

PARIS

Editions CLARTÉ

12, Rue Feydeau

1920

I. — LA FIN D'UN MONDE

Ceux qui auront vécu ces époques-ci, ceux qui auront passé à côté ou au travers de la guerre commencée en 1914 pour finir on ne sait plus quand, auront assisté à la déchéance d'une civilisation et à la fin d'un monde.

Nous sommes pareils à ceux qui, au fond des âges, ont vécu l'agonie de Babylone ou de la Rome impériale, de ces grandes puissances décomposées qui se sont écroulées moins sous le choc de l'invasion jeune que sous le poids de leurs crimes, et contre qui criaient les sombres prophètes et les premiers apôtres.

Nous sommes pareils à ces témoins désespérés et paralysés des cataclysmes antiques, et pourtant, la décadence que nous contemplons est cette fois, plus universelle, plus profonde et plus irrémédiable. Il ne s'agit plus d'une cité, d'une dynastie ou d'une race, il s'agit des lois de la vie commune et de la race même des hommes. Le signe fatal marque toutes les machines sociales, la forme même de la civilisation contemporaine.

La vieille société s'est enfin montrée, dans les lueurs sinistres, les déchirements, puis les ruines de la guerre, telle qu'elle est : un organisme destructeur qui se soutenait artificiellement par la terreur, le mensonge et la corruption.

L'absurdité sociale

Notre société actuelle vit tout entière, d'un pôle à l'autre, sur un principe inique : *Le Privilège*, c'est-à-dire l'esclavage du grand nombre, l'oppression de tous par quelques-uns. Le progrès des idées, et la liberté relative de leur discussion, n'a fait que déguiser d'hypocrisie la formule séculaire et simpliste du despotisme, et donner des illusions aux esclaves ; en réalité, la civilisation matérielle et morale l'a constamment perfectionnée.

La règle de la vie universelle repose sur les volontés arbitraires de l'Alliance des riches. Cette caste, couronnée ou non, entourée de mercenaires et d'avocats, maintient à l'intérieur de chaque pays ce qu'elle a décidé d'appeler l'ordre, par l'exploitation à son profit des masses populaires, ignorantes, sans cohésion, sans défense. L'orientation et le développement du travail, du commerce, de l'industrie, de l'art, de toute l'activité vivante, dépend de son bon plaisir. Au delà des frontières, par une sorte de jeu international, elle entretient à son gré et à son bénéfice exclusif, la concurrence agressive, les appétits de lucre et l'antagonisme des nations. Elle creuse férocement les lignes superficielles qui morcellent la grande humanité des pauvres.

Les dirigeants de pays, consortium mondial, pouvoir exécutif du système capitaliste, se dressent les uns contre les autres en adversaires momentanés — et étrangement interchangeables ; mais ils ne sont jamais en réalité des ennemis. Même lorsque par leurs combinaisons de partenaires installés face à face, ils jettent et poussent les pions humains dans les immensités et remuent les foules de couleur dans le sens qu'ils veulent, ils se gardent de jamais triompher jusqu'à la destruction de leur doctrine commune, de se tuer jusqu'à l'âme. Ils sont tous, au sens le plus exact, le plus puissant du mot, des complices (1).

---

(1) « Au revoir, Messieurs! Une fois l'honneur sauf et après quelques chevaleresques batailles de nos armées, nous nous retrouverons courtoisement les uns devant les autres, comme maintenant! » disait en 1870 l'ambassadeur d'Allemagne en prenant congé des diplomates français. Cette phrase est

Ils savent qu'il n'y aurait pas de grands
enrichissements personnels si la paix régnait
profondément partout ; que, de plus, cet état
de choses développerait de lui-même un esprit
d'équilibre et d'équité sociale où sombrerait le
privilège. Ils cultivent la guerre et l'esprit de
la guerre pour gagner l'argent et la gloire et
tenir méthodiquement les multitudes prison-
nières. La guerre est normale, naturelle, dans
la société contemporaine, comme la misère
générale et le vice.

On parle des responsabilités de cette
guerre-ci. Il convient, certes, de faire la lumière en toutes choses. On discutera, sans
doute, pendant bien longtemps sur les causes
occasionnelles de la guerre : l'agression de
l'Allemagne contre la France, ou plutôt l'alliance franco-russe. Sans doute, la mise au
point des événements fera ressortir le partage
des responsabilités, la part de culpabilité de
tous les dirigeants sans exception ; elle unira
dans la même malédiction les Guillaume II, les
Nicolas II, les George V et les Poincaré, et
leur imprimera à tous, définitivement, leur
épitaphe de malfaiteurs publics — jusqu'au
jour où s'élevant enfin tout entière au-dessus
de ces discussions locales de détails et de

l'éternelle épigraphe de la comédie des puissants
et de la tragédie des peuples.

figures, de prétextes, non de causes, la conscience humaine jugera que la guerre durera dans le monde tant qu'elle sera décidée par ceux qui en profitent et non par ceux qui la font. Que cette conscience souveraine se hâte de pousser ce cri de raison, car le jour approche de la ruine totale et du charnier universel.

La logique nous conduit, nous pousse de conclusion en conclusion, de rouage en rouage, nous force à répéter désespérément l'évidence : le capitalisme déclanche le nationalisme, et le nationalisme s'appuie sur la guerre comme la paix sur la justice.

Tout tend, ici-bas, au succès de la politique violente des riches, et des combinaisons par lesquelles ceux d'en-bas sont forcés d'être les instruments des intérêts de ceux d'en-haut. Comme au temps des cavernes, c'est la loi bestiale du plus fort qui règne partout — entre les particuliers dans les états, entre les états dans le monde. Le système social qui encage le genre humain signifie : réussite d'individualités éparses, et défaite des foules : Tout pour quelques-uns, et rien pour tous. De toutes parts, la loi du monde va directement à l'encontre de l'intérêt général, du bien public.

Une formule sociale se juge sur ses résultats. Depuis des milliers d'années que la conduite des choses est aux mains de minorités qui s'attachent exclusivement à faire leurs affaires et leur politique personnelles à travers l'humanité, depuis des milliers d'années d'autocratie et d'oligarchie, de commerce hérissé de traités de protection, de lois d'exception et d'armes, qu'est-ce qu'on a fait des existences, qu'est-ce qu'on a fait des corps et des âmes, qu'est-ce qu'on a fait de la science miraculeuse, qu'est-ce qu'on a fait de la justice, de la beauté et de la bonté? Les hommes ont partiellement survécu à la souffrance et au massacre, c'est tout ce qu'on peut dire. Les découvertes du génie ont eu pour résultat de donner des dimensions démesurées aux sacrifices humains. L'histoire est imbécile.

Et nous, les derniers venus, qui avons la douleur et la honte de vivre en ces jours-ci, qu'avons-nous fait avec nos mains? Nous avons travaillé, comme des esclaves que nous sommes, à l'apothéose : pendant cinq ans, sept mille hommes ont été tués chaque jour, sept mille hommes par jour, tombant comme des choses, en pleine jeunesse. Ces hécatombes ne peuvent se comparer qu'à la grandeur du monde qu'elles emplissent : elles dépassent l'imagination ; elles font entrevoir un crime infini qu'on ne peut même pas comprendre d'un seul coup.

L'imposture est une institution d'État

On se heurte de toutes parts à l'évidence monotone de cette conclusion ; tout cela est logique, *tout cela est clair*, et ne pouvait pas aller autrement.

Pour s'assurer les hommes, les meneurs des événements ont besoin de leur ignorance, puisque les meneurs sont une minorité et que les hommes sont innombrables, et seraient les plus forts, s'ils voulaient. L'ignorance isole les individus, hache les foules, fait que les grands nombres vivants ne chiffrent pas; et à mesure que les esprits se sont ouverts, on les a bouchés par le mensonge. Celui qui sait mal est un ignorant pire que celui qui ne sait pas. C'est une proie plus active.

La vieille société, disproportionnée en sa formule oligarchique, monstrueuse dans la nature, ne pouvait vivre et n'a vécu que de tromperie. Elle a organisé à un degré prodigieux le règne de l'imposture vis-à-vis de ce fantôme collectif qu'on appelle le public.

Les grands journaux, ces officines énormes, ces syndicats d'affaires — du *Petit Parisien* ou du *Matin* au *Daily Mail*, du *Journal* au *New-York World*, du *Times* au *Temps* — subventionnés par les marchands, les spécu-

lateurs, par la finance internationale et les
fonds secrets prélevés sur les impôts (les puissants vivent de l'argent comme du sang des
pauvres), ont, par la patiente suggestion
quotidienne,. flatteuse et séduisante, par la
contagion, fait croire ce qu'il fallait qu'on
crût (1). On a propagé les alliances, la haine
ou la confiance, les emprunts et les idées,
comme des épidémies. La plupart des hommes
et des femmes s'adaptent régulièrement aux
journaux qu'on leur pousse sous la main. Et
comme ils ont la mémoire aussi courte que le
jugement, ils ne se souviennent même plus,
au bout de quelques jours, des démentis cari-
caturaux que les faits viennent apporter à telle
ou telle affirmation pompeusement émise par
ces feuilles qui sont leur opinion portative.
Mais l'empreinte subsiste. On a rempli les
crânes avec des chiffons de papier. Les grands
journaux ont été créés pour cacher la vérité.

Les ravageurs de l'opinion, du grand pirate
à l'aventurier taré, de lord Nortcliffe à Bolo,
ont poursuivi leur opulent métier d'empoison-

---

(1) « Ne donner que ce qui est favorable à l'Entente et défavorable aux Empires centraux. » Telles
sont les instructions que l'Agence Havas adressa
par écrit à ses correspondants étrangers — et ceci
équilibre honorablement les accusations de partia-
lité, d'ailleurs très fondées, dont on a criblé ici
l'Agence Wolff.

neurs et d'exécuteurs de multitudes par des
procédés semblables à ceux du tsarisme qui
combattait par l'alcool le trop grand nombre
des malheureux.

Le peuple-soldat
a été universellement trompé

Les décisions capitales ont toujours été
prises dans l'ombre, bien au-dessus du contrôle des hommes qu'elles condamnaient.

Lorsque la guerre nous fut annoncée, le
jour où les peuples ne pouvaient plus rien
faire que de se débattre et de se défendre ;
quand fourmilla et se casa dans ses postes
cette cohue composée d'individus éblouis,
qui n'avaient de choix qu'entre la discipline
et le poteau d'exécution, quand déracinés des
foyers, expatriés en ces lugubres étendues
dont vous garderez toujours, j'espère, camarades du front, la mémoire dans vos cœurs
comme une plaie ouverte, à demi-enterrés
déjà dans votre fosse, vous vous trouviez en
présence de l'immensité et de vous-mêmes, et
quand la fatigue, la misère et la souffrance
vous permettaient de penser, que pensiez-
vous ?

Vous croyiez ce que vous avait crié, lors

des fêtes du départ, la joie farouche de ceux qui restaient. Vous croyiez que vous vous battiez pour une grande idée. Vos cauchemars d'honnêtes gens, de pauvres gens habillés en soldats, s'éclairaient d'une lueur morale. Vous supportiez la fatigue surhumaine et les volées de balles et d'obus, qui effleuraient vos têtes et vos ventres, et que vous sentiez vous toucher la chair lorsqu'elles touchaient vos voisins. Vous vous disiez : « Il y a au bout, là-bas, une libération humaine. Nous souffrons pour que nos enfants, ou même — car vous pensiez parfois plus tendrement encore — pour que les enfants des autres ne souffrent plus. Nous abattons le militarisme allemand pour qu'il n'y ait plus de militarisme au monde. »

Nous l'avons cru. Nous nous sommes trompés. On nous a trompés. « Militarisme allemand ! » Nous entendions : militarisme, il ne s'agissait que d'Allemands. C'est sur ce jeu de mots qu'on a marché avec ferveur ! Quelle mémoire serait assez vaste et assez précise pour se rappeler tout ce que les hommes officiels, et les placiers de leur publicité, ont prodigué à ce sujet, de restrictions mentales, de jésuitisme et de lâcheté !

Nous déplorons notre loyauté. Nous en avons le regret, non le remords. On n'a ja-

mais tort d'être sincère, mais c'est une faute
de croire à la sincérité des autres.

On a cru, ici, au désintéressement de l'Angleterre ou de l'Italie officielles. On a cru à la
Société des Nations. A quoi n'ont-ils pas cru,
tous ces soldats français, ces anglais, ces allemands, ces autrichiens, ces italiens et ces
russes qui dans les immensités mouvantes des
lacs Mazuries que l'hiver changeait en pierre,
dans les gouffres de brouillard et les abîmes de
glace du Monte-Nero ou du Monte-Cristallo,
dans les marécages infinis de l'Yser, dans la
boue vorace de l'Artois, à n'importe quel trou
infernal de ces six mille kilomètres de front,
s'acharnaient les uns contre les autres comme
des fous !

Les survivants de l'avant
et les vivants de l'arrière

La guerre a changé de face. Les premiers
actes en sont terminés après cinq ans. Elle
a coûté au moins un mort sur deux soldats.
Nous ne saurons jamais exactement combien
elle a coûté de morts. Depuis longtemps, notre honnêteté ne croit plus aux statistiques
officielles. Ceux à qui incombera la noble
charge d'écrire les annales de ces événements

auront les moyens, ils auront aussi le sang-froid, de compter plus loin que nous (1).

Les survivants qu'on a couverts de fleurs et d'hommages oratoires quand les frontières étaient faites de leur chair, sont revenus misérablement, tels des prisonniers qu'ils étaient tous. Ils sont passés sous l'Arc de Triomphe, comme des passants d'un jour, disparaissants et anonymes, comme des semblants d'hommes, incarnés par des généraux dont les noms connus volaient tous les humbles noms.

Combien de ces « vainqueurs » désormais inutiles ont trouvé leur place prise au chantier, au bureau, à l'usine — ou au foyer ! Et même, le massacre continue en nous, sous les formes obscures de la maladie, de la fatigue incurable, et comme le disait Raymond Lefebvre en un cri pathétique « nous avons la mort dans le ventre ! »

A ceux qui « ont des droits sur tous » selon un des plus célèbres mensonges officiels, on discute les allocations et les primes, qu'on leur reprendra pourtant sous une autre forme, on leur discute les moyens de survi-

-----

(1) L'Institut Carnegie annonce 13 millions de morts et 3 milliards de dépenses, et de pertes. Augustin Hamon (*Le Bilan de la Guerre Mondiale*), compte, et cette évaluation est modérée, 10 millions de personnes mortes, en plus des soldats, des misères de la guerre, et 150 millions d'affaiblis.

vre (1). Les financiers véreux sauvent éperdûment leur crédit à coups de combinaisons spectrales et de tintantes promesses ; les entrepreneurs des destinées humaines ont payé l'héroïsme des soldats avec des proclamations qui n'ont plus cours.

A l'arrière comme au front, les peuples qui se croient libres parce qu'on le leur dit, ont été soumis à un régime de prisonniers militaires, casernés dans des règlements menaçants par le Grand Etat-Major des Gendarmes du capitalisme. Une loi a le droit d'être stricte, si elle est juste et si elle est générale. Il n'y a plus eu de loi que contre les pauvres, c'est-à-dire contre les ensembles, et leurs défenseurs. La censure aussitôt créée, a dépassé ses attributions, est devenue illégale. La pensée a été gouvernée par quelques employés aux ordres des patrons de l'humanité, et qui tuaient les paroles à mesure qu'elles s'élevaient.

L'espionnage des soldats et des gradés, pratiqué par les beaux officiers missionnaires aux armées (car il n'y eut jamais là-dessus d'ordres écrits), a alimenté autant que la simple dénonciation anonyme les listes de suspects que le « Service de Propagande » du Ministère de la Guerre continue toujours d'accumuler. La cor-

---

(1) On a osé allouer d'abord aux aveugles de guerre, une pension totale de 975 francs.

respondance des soldats et des civils a
été violée au gré d'hommes irresponsables et
dont on ne saura jamais les noms ni tous les
trafics. Les « communiqués » — modèles historiques d'hypocrisie — dissimulaient les
échecs, afin que les grands chefs ne fussent
pas gênés pour en préparer d'autres : Qu'on
confronte, au hasard, le communiqué allemand et le communiqué français d'un même
jour, on comprendra comme on a pu mentir
de part et d'autre sans en avoir l'air. Ces
textes masquaient des incapacités grandioses
que des révélations tragiques d'hécatombes
commencent seulement à nous faire mesurer.
On entrevoit maintenant cette phénoménale
impréparation militaire de la France, due uniquement, nonobstant les mensonges politiques,
à la nullité du commandement avant la
guerre et pendant la guerre. On sait que si
l'armement a été chez nous insuffisant, c'est
parce que ceux qui étaient chargés de l'organiser et de le régler, étaient des hommes
d'une sanguinaire stupidité. La lecture du
Journal officiel (séances secrètes) témoigne,
avec pièces à l'appui, que les idées que nos
grands chefs, béats et étoilés, professaient sur
la tactique ennemie, sur le rôle des fortifica-
tions, des lignes de défense, sur l'utilisation
des réserves, la liaison des armes et l'impor-

tance de la portée des canons — *même après
les premières leçons des faits* — ont été celles
de personnages de vaudeville. Et leurs fautes
involontaires ne peuvent se comparer qu'à
leurs fautes volontaires. Mais le lustre des
chefs fait partie du programme de l'universelle
société métallurgiste.

On répandait dans le public des détails sur
les atrocités commises uniquement par l'ennemi (de l'autre côté, on procédait de la
même façon — et comme pour les communiqués, chaque camp avait raison et mentait à la
fois). On agitait des spectres de suppliciés. Au
milieu de cette foule — dans laquelle nous
entrerons un jour — nous voyons de lamentables hideurs qui se ressemblent comme
toutes les chairs humaines ; nous voyons les
figures sanglantes de Miss Cavell et de
Jeanne Labourbe, ces deux sœurs, et nous entendons l'écho des commandements de torturer et d'égorger hurlés dans toutes les langues.
Nous savons bien nous, n'est-ce pas, camarades du front, et nous aurons le courage de le
dire, que les atrocités furent commises de part
et d'autre, comme les villes ouvertes bombardées de part et d'autre, et les Etats-Majors
de part et d'autre épargnés (1).

____

(1) On dit que huit cents coupables allemands sont
réclamés pour être déférés au tribunal de l'Entente.
Ce sont, très probablement, des bandits qui mé-

On poursuivait d'une haine empoisonnée les
précurseurs follement seuls qui ont refusé
d'adhérer au mal — Romain Rolland, Liebknecht, Nicolaï, E.-D. Morel, noms sacrés ! —
On calomniait les livres qui disaient la vérité
sur la guerre. Il fallait à toute force sauver le
dogme capital de la beauté des batailles. On
montrait au public, dans les relations de
journalistes venus aux tranchées en parties de
plaisir, que les soldats étaient très heureux
de souffrir et de mourir. La gaîté des soldats !
Nous avons ressenti tout ce qu'on nous a révélé à ce sujet sur nous-mêmes, lorsque nous
sommes revenus, comme la plus épaisse et la
plus douloureuse des injures. Si les soldats
ont ri parfois — nous savons bien, qu'en effet, ils ont ri — ce n'est que par une pauvre
réaction de la nature humaine, qu'il était infâme de généraliser. Le rire des soldats n'a
jamais été qu'une espèce de folie de jeunesse,
à laquelle nos bourreaux ont osé donner

---

ritent un châtiment. Mais les autres, ceux des
autres pays, ceux du nôtre ? Cette justice unila-
térale, réglée par les vainqueurs, cette moitié de
justice est par conséquent de l'injustice. Que la punition de Guillaume II blanchisse les autres kaisers,
non ! Que la punition de celui-là et des autres blanchisse la guerre, jamais ! Car la question est plus
haute qu'elle ne le paraît au premier abord : On
prétend, en chargeant quelques têtes de tous les
péchés, en osant clamer : « Voilà les seuls coupables ! », sauver l'honneur de la Tuerie.

un sens profond. Mais avec quelle joie féroce
les préservés de l'arrière étaient réconfortés et
rassasiés toutes les fois que les mauvais écrivains leur montraient ces rires de carton sur
les faces des condamnés !

La délation a été encouragée, dans la rue,
dans les lieux publics et jusque dans les caves,
et exaltée dans le prétoire par un Mornet,
comme aux époques les plus sombres et les
plus basses. L'énoncé le plus modéré des vérités les plus simples faisait jeter un homme
en prison. La calomnie semée à la volée, ger-
mait facilement dans la vague foule obscure.
Les mots épouvantails comme celui de
« défaitisme », les mots ont remplacé les informations véridiques ou les arguments, et
ont frappé dans le sens qu'il fallait. Les mots
les plus honorables en soi ont été souillés par
l'usage que l'on en a fait. On nous a si igno-
blement soûlés avec le mot de « victoire »,
que nous avons fini par le vomir lui aussi.

Toutes les fois qu'un sursaut d'affranchissement agitait quelque grande âme isolée
comme une île, quelque masse ouvrière
poussée à bout, ou quelque Irlande ligotée,
on lui jetait, par ordre, comme des coups,
l'accusation toute prête d'être payé par l'ennemi. L'or « boche » ou l'or russe ont expliqué
tout ce qu'il aurait été trop facile d'expliquer

autrement. C'est un argument qui ne s'use
pas ; il sert indéfiniment.

Pendant ce temps, les « embusqués » ont
vécu. C'est un chapitre immonde de la
guerre. L'embusqué est un produit normal
des catastrophes artificielles fomentées par
l'anarchie dirigeante. Il y a, en tout, des
exceptions, mais on peut dire que la grande
majorité des fils de la bourgeoisie riche, et des
intellectuels « arrivés », se sont dérobés aux
dangers de la guerre toutes les fois qu'ils ont
pu le faire, et que les plus forts ont réussi à
se payer le luxe de vivre. Le commerce matériel et moral des réformes a transformé les
lâchetés en injustices. Le chantage des sursis
a été cuisiné, en faveur des riches et des bien-
pensants, au Cabinet du Ministre de la Guerre.
Il fut un temps où nous, les combattants,
nous avions la candeur de croire que la répro-
bation générale ferait un jour baisser la tête
à ceux qui, en se dérobant, ont jeté d'autres
hommes à leur place en face de la mort. Ce
sont ceux-là qui lèvent le plus glorieusement
le front. Ils ont eu raison, ces hommes qui
se sont cramponnés aux jouissances de la vie
et au bonheur de vivre, alors que des mon-
ceaux de soldats, même exténués, même
vieux, même mutilés, même malades — vous
vous rappelez ! — étaient poussés à la bouche-

rie tant qu'ils avaient encore la force de recevoir des blessures. Les lâches ont eu raison, puisque ce sont eux qui recueillent, en définitive, les honneurs de la guerre.

La guerre a créé de la richesse comme elle a créé du mensonge — naturellement, puisque c'est sa raison d'être. Par quoi se chiffrent dans chaque pays les bénéfices arrachés à la souffrance ou à la mort des uns et à la ruine de tous les autres? (1) Nous avons vu, nous voyons se carrer cette hiérarchie de spéculateurs dont le talent a consisté à être installés à l'arrière au moment opportun et à ne pas s'embarrasser de patriotisme, — depuis le malingre mercanti qui a volé tout ce qu'il a pu, jusqu'à l'intermédiaire qui est sorti de terre à tous les bons endroits, qui a toujours trouvé magiquement des moyens de transport et des mots de passe pour rafler les denrées, écumer le pays, abuser d'une Intendance aux principes

---

(1) On a parlé, en France, de 70 milliards parce que c'est le minimum auquel arrive un calcul approximatif. Les armateurs anglais ont, durant les 31 premiers mois de la guerre, gagné 15 milliards. Le Comité d'Enquête du *Board of Trade* vient de révéler que les tisseurs de laine anglais ont gagné 3.900 pour cent de plus que ce qui leur était alloué en principe. Quant aux bénéfices des propriétaires de mines anglais, ils « dépassent toutes limites ». En Italie, telle société d'aciéries a réalisé du 310 o/o en 1918 au lieu de 9 o/o avant la guerre. Ce sont quelques détails pris dans l'amoncellement fantastique des faits.

chancelants et nouer des affaires —, jusqu'au ministre de la Reconstitution Industrielle, avec ses trois cents usines.

Bénéfices de guerre ! L'assemblage seul de ces mots juge un ordre social, et c'est la formule même de la société capitaliste.

Qui donc s'est privé lorsqu'il y avait quelque moyen de ne pas le faire? On a vu à nu, du haut en bas, la bestialité subtile de l'égoïsme. La formule bourgeoise : « Enrichissez-vous, c'est-à-dire : dressez-vous les uns, contre les autres, les uns sur les autres, essayez de vous terrasser et de vous dominer, essayez chacun d'être l'exception profiteuse » —, cette formule, reflet de la loi universelle du plus fort, a amoncelé les gaspillages et consacré l'écrasement du reste des hommes.

Tous les services vitaux du pays sont paralysés par les exigences de l'enrichissement individuel, l'hypertrophie des intérêts personnels, l'idée fixe de « l'arrivisme », la dérobade automatique des fantoches administratifs devant la responsabilité — par le système tout entier. Les dépenses publiques sont conduites avec un fantaisiste dévergondage. Alors que les régions dévastées restent toujours aussi stériles, sauf pour quelques malins qui y récoltent de l'or ; alors qu'on ne fait rien contre la tuberculose, l'alcoolisme, les logis insalubres, que l'Instruction Publique n'a qu'un budget honteux, on gaspille officiellement l'argent, on laisse pourrir ou voler les approvisionnements, on ouvre des crédits de 300 millions pour bâtir un Palais d'Exposition au Parc des Princes, de 15 millions pour déménager le maréchal Foch.

Le luxe est sorti çà et là de la détresse publique et des cimetières, et s'est déchaîné passionnément sur les ruines ; il a mal supporté l'obscurité pendant les hostilités ; nous le voyons s'agiter et phosphorer maintenant. Dans nos cités, le haut du pavé est tenu par les trafiquants les plus puissamment cyniques, les politiciens les plus serviles, les prostituées et les pantins militaires. Paris, qui s'est vidé, à Bordeaux et ailleurs, autant que cela lui a été possible dès que le danger l'effleurait, et qui a la Croix de guerre, fourmille et fermente et s'enthousiasme autour des Clemenceau et des Carpentier. Chaque époque a la qualité d'idoles qu'elle mérite. On se pare, on brille, on rit et on chante. Le commerce de luxe étincelle et déborde. Des bourgeoises soudain enrichies par les circonstances et non par le noble travail, étalent des trop-plein de bijoux (placement sûr et solide) et brillent comme des boutiques. Un tourbillon de jouissance, d'immoralité, de paresse et d'orgueil emporte, à travers le grand silence stupide des foules sur lesquelles cette joie sinistre déteint parfois, hélas, et qui est poussée aux pièges des cabarets, tous ceux que la guerre a galonnés, dorés et sanctifiés.

Au milieu du dérèglement général, le Parlement n'a été qu'un théâtre de plus. Il s'est bâillonné lui-même. Les protestataires n'y ont jamais été qu'une minorité régulièrement étouffée par la volonté capitaliste. Le troupeau de la majorité s'est rué à la servitude, pour employer l'expression dont l'austère et calme Tacite flétrissait le Sénat de Tibère et de Néron. Le nouveau parlement français, disparate mais réactionnaire, qu'à l'aide des chinoiseries du mode de scrutin et d'une propagande démagogique, la peur et la haine de l'intérêt général ont arraché à l'ineptie des masses électrices, s'est posé dès le premier jour comme le défenseur farouche, aveugle, décidé à tout, de la classe possédante.

La faillite de la justice

Et la justice? Il n'y a plus de justice. La justice ? Il y a eu les Conseils de guerre, le massacre individuel des soldats. On a fusillé homme par homme, des multitudes, pour des peccadilles, ou sur des présomptions ou des prétextes, ou par ordre, ou parce qu'on était pressé. Les officiers rapporteurs embusqués dans les Conseils de guerre ont tué en se jouant plus de soldats que ceux qui combattaient. Quand, à l'hôpital, l'un de nous évoquait quelque cas sauvage de cette longue extermination, des voix sortaient toujours des ombres de la salle triste, et disaient : « J'ai vu la même chose, j'ai vu la même chose. » On a fusillé des innocents avérés parce que quelque général, ou quelque colonel estimait qu'il fallait « faire des exemples ». Ceux-là, ce n'étaient pas les surveillés dont les officiers des Etats-Majors ouvraient les lettres, fouillaient la vie, et condamnaient les idées, mais des hommes tirés au sort — au sort, au hasard, au petit bonheur — parmi des compagnies et des régiments, emmenés un à un, attachés à des poteaux et broyés par les balles des camarades. Les conseils de revision viennent déjà d'ordonner la réhabilitation de 2.700 soldats fusillés à tort à la suite de jugements sommaires des cours martiales. Et ceux qui ont refusé d'obéir dans la guerre anti-constitutionnelle à la Russie, et qui, jugés par des gens qui étaient juges et parties, ont dressé dans le martyrologe des soldats une nouvelle série de héros ! Et les assassinats de prisonniers désarmés sur lesquels les soudards tiraient à la cible ou qu'ils faisaient éventrer et égorger à la baïonnette en longues files dans les tranchées ! Et les supplices qu'infligeaient aux captifs, au grand amusement de l'arrière, ces soldats noirs razziés de force, par le lasso et l'incendie, dans les villages africains, et transformés d'animaux domestiques en bêtes brutes ! Ces exécutions sommaires qu'ordonnait le sadisme des chefs, ont rempli d'immenses fosses communes, plus maudites mais plus criantes que les autres. Nous entreprendrons quand il le faudra, cette terrible et dégoûtante enquête. Il y aurait trop à en dire. Ajoutons seulement maintenant que ces crimes donnent désormais à la conscience et à la bonté humaines le droit d'être féroces.

On saura aussi en partie — puisqu'on ne saura jamais tout, — mais les jugera-t-on ? — les inutiles meurtres collectifs dont les Chefs se sont rendus coupables en lançant à une destruction certaine, selon le caprice de leur autorité absolue, les troupes qu'ils commandaient, en faisant exécuter des charges qui ne pouvaient mathématiquement arriver jusqu'au bout, en organisant des offensives de publicité payées par des milliers d'existences pour maintenir le moral de l'arrière, ou bien pour quelque question d'avancement, d'hon-

neurs, quelque intrigue ou vengeance de bou-
tique. Le droit de vie et de mort a appartenu
pendant cinq ans, et appartient encore, à des
hommes dont la plupart ont prouvé qu'ils
n'étaient que des cerveaux faibles ou des misérables.

L'historien qui racontera la guerre — à
quelque nation qu'il appartienne — patau-
gera en pleine infamie. On peut prévoir tous
les artifices de langage par quoi les scribes
officiels essaieront de pallier la vérité ef-
froyable. Ils oseront même, n'en doutons pas,
se servir pour cela de ce qui aura surnagé par
hasard de l'immense héroïsme gaspillé des
soldats et des officiers.

Il se trouvera bien pourtant un homme
clairvoyant et probe pour dire et pour montrer que la victoire militaire des Alliés a été
due non pas à quelque supériorité géniale de
nos grands chefs (hypothèse qui fait rire),
mais uniquement à la supériorité du poids de
matériel humain qu'ils ont pu opposer à l'ennemi. « Cette offensive sera meurtrière », di-
sait-on à un général italien. — « Que m'importe, répondit-il, *j'ai de la viande pour tout
l'hiver.* » Cet aveu d'un chef plus franc qu'un
autre dévoile le vrai secret de la victoire.
Elle s'est accomplie par la profusion de la
dépense saignante, par le chiffre humain, mal-

gré les miraculeuses négligences (1), l'infaillible incurie des généraux. S'il y entre d'autres facteurs, c'est l'invincible richesse de
l'Angleterre et des Etats-Unis, et le souffle
de la révolution russe. Mais pour que la société bourgeoise soit riche, il faut que la
guerre soit belle.

Et l'autre justice ? Ceux qui tiennent les
caisses publiques constatent que les profiteurs
de la guerre ne payent pas les impôts qu'ils
doivent : Ils dissimulent, ils tournent la loi,
ils mentent, pour ne pas lâcher leur part
d'impôts sur le revenu et sur les bénéfices de
guerre. Qu'a-t-on fait pour les y obliger?
Qu'a-t-on fait pour enrayer le trafic illégal
des produits de première nécessité, et toutes
les spéculations sur le marché, sur le change,
les loyers, l'accaparement manifeste et pal-
pable, le commerce des influences, tous ces
scandales qui crèvent tout seuls ici et là, que
l'on découvre par hasard un peu partout et
chaque jour ; pour paralyser les canailles
qui ont dépecé les malheureuses finances
de leur pays ruiné, afin d'emplir leurs poches? Qu'a-t-on fait contre une démoralisa-
tion publique poussée jusqu'au détraquement?

____

(1) 30.000 soldats français, a révélé le général
Percin, ont été tués par le 75. C'est un détail dans
l'ensemble.

La justice? Elle a acquitté les carburiers Elle n'a pas inquiété M. Dutasta, fonctionnaire chamarré et Secrétaire Général de la Conférence de la Paix, qui a trafiqué par millions avec l'ennemi, ni tous ses pareils. Elle s'est détournée, dans la mesure du possible, de ces gros scandales dont on a de temps en temps quelque aperçu, discret et vite intercepté, — depuis certaines affaires de fournitures jusqu'à l'affaire de Briey qui montre à vif l'organisation civile et militaire de la grande industrie internationale, planant rapacement au-dessus de ce vulgaire patriotisme bon à exciter les foules et à alimenter les commandes. Et tout le ramassis de chenapans qui ont continué après la guerre à fabriquer des munitions inutiles pour qu'on continuât à les payer, ou qui ont été payés bien au delà de ce qu'ils ont fabriqué, ou bien qui ont été payés et n'ont rien fabriqué, par qui sont-ils donc défendus?

La justice? Le jury bourgeois a acquitté Villain. La justice de la France n'est donc pas la justice, elle est la servante de l'autocratie régnante. Ce n'est plus désormais qu'un moyen d'affaires ou qu'un moyen de vengeance, qu'un moyen de donner force de loi à la peur des libérateurs et à la haine des apôtres. Pour se parer d'un rôle de sauveur, pour prêter un semblant de vie à un programme politique qui n'est que du néant vis-à-vis du bien public, pour obéir à des injonctions de l'étranger, pour en débarrasser l'impérialisme mondial, le Gouvernement français a accumulé contre Caillaux des accusations ridicules et des faux témoignages, et a fait condamner à mort en dehors des formes légales le capitaine Sadoul, ce témoin incorruptible de la Révolution russe, qui en est devenu le défenseur.

Nous voyons ici ces choses de plus près. Mais partout les mêmes causes produisent les mêmes effets — et le monde entier obéit à un seul et même Système. Les services du capitalisme n'ont pas de lacunes ; leur organisation est aussi complète que la désorganisation du reste.

Le plan des barbares s'accomplit.

A travers cette injustice entretenue, le militarisme, l'impérialisme, la barbarie se sont étendus sur l'univers et ont imposé leur plan, imprimé leur griffe d'un bout à l'autre de la mappemonde.

Pendant la guerre, les buts de guerre des Alliés n'ont pas été proclamés. N'oublions jamais cette accusation-là. Elle est simple et nue, elle est indiscutable, elle est indélébile. C'est l'aveu définitif de la trahison des dirigeants vis-à-vis des hommes. Le crime du traité de Versailles qui garantit une fois de plus les brigandages nationaux et contient autant de germes de guerres futures qu'il a « réglé » de questions, était prémédité.

Il y a eu d'autres crimes contre l'humanité : la guerre, nous le savons maintenant et nous le saurons de mieux en mieux car nous voulons impitoyablement le savoir, aurait pu finir plus tôt — avant ou après l'affaire de Brest-Litovsk, où les Alliés ont chargé les Russes d'une responsabilité qui leur incombe tout entière. Si l'Entente avait été loyale à l'égard des peuples, si ses politiciens avaient été sourds un instant aux exigences de ses hommes d'affaires, si elle n'avait pas été avant tout la contre-révolution déchaînée, c'étaient des millions d'existences épargnées et la situation économique de pays comme la France sauvée de l'irrémissible crise où ils vont succomber.

La réglementation impérialiste interalliée s'est échafaudée dans le secret, selon l'antique usage. Le sort des pays et des hommes a été décidé par quelques vieillards qui se sont arrogé une autorité absolue. Plus on parlait du droit des peuples, de la politique à ciel ouvert, des objectifs de justice, plus on systématisait la destruction de ces principes sacrés. Mais il était habile de les exploiter en même temps, de s'en emparer, de bien les tenir et de les agiter.

Le traité de paix, qui aurait pu être une œuvre morale et sociale indestructible s'il avait organisé la liquidation de la guerre et l'avenir des peuples, sur des principes de justice, au-dessus des questions personnelles, consacre l'annexion. La première annexion est celle de l'Alsace-Lorraine, dont la population aurait dû tout au moins être consultée comme les autres, car il n'y a qu'une justice et qu'un droit. Les autres annexions sont proportionnées à la puissance respective des vainqueurs, et chacun n'a eu de frein que la rapacité et la force des autres. C'est un traité de bon plaisir et de violence, non de justice ; de victoire, non de paix. L'histoire dira que c'est un traité d'alliance plus menteur que ceux qui l'ont précédé. S'il proclame des principes de droit international, c'est pour couvrir d'une grande idée volée, les biens volés, c'est pour pouvoir édifier officiellement à la face du monde l'internationale réactionnaire et capitaliste. Il n'a bâti que de la destruction.

L'Empire Britannique — dont le rôle fut, avant et pendant la guerre, plus capital et plus perfide que nous n'osons encore nous le figurer, — l'Empire Britannique qui a voulu faire croire au monde qu'il entrait en guerre pour défendre les droits foulés aux pieds de la malheureuse Belgique, l'Empire Britannique qui proclamait par la bouche de Bonar Law : « Nous faisons la guerre pour l'Humanité contre la Barbarie... Nous n'agrandirons pas notre territoire d'un pouce » ; par celle de M. Asquith : « L'Angleterre se bat pour l'honneur non pour des intérêts » ; par celle de M. Balfour : « C'est la lutte du ciel contre l'enfer » —, s'est emparé de trois millions de kilomètres carrés, et, plus encore : de l'hégémonie des mers, de la souveraineté des trois quarts du globe. L'Angleterre a fait de cette guerre dont son insatiable ambition calculée avait trop besoin, une affaire de suprématie définitive. Elle a magistralement converti la victoire en sa victoire. Conformément à son plan national d'expansion dominatrice, qui n'a jamais fléchi depuis la Guerre de Cent Ans, elle a maintenu à travers tous les autres pays, ennemis ou alliés, et au-dessus d'eux, le splendide isolement du Maître incontesté. Après avoir organisé à son profit la destruction de la concurrence allemande qui contre-balançait sa grandeur, elle a découpé

des pays nouveaux, du centre européen au
Caucase et à la Syrie, selon ses convenances
commerciales et au mieux de son « influence ». Elle a mis déjà, de plus, la main
sur la Perse, sur la Mésopotamie ; et pour re-
lier, par l'Asie-Mineure, l'Egypte aux Indes
et à l'Extrême-Orient comme elle l'avait re-
liée au Cap, elle a, imprudemment peut-être,
inventé, doré et auréolé l'Emir Fayçal. Que
va-t-elle s'adjuger dans les Balkans, qui sont encore à partager? Après elle, les autres, les
yeux fixés sur les mines et les récoltes, sur
le charbon, le coton et le pétrole, les ports,
les embranchements de chemin de fer et les
grandes routes, ont pris ce qu'ils ont pu.
Question de dents et d'ongles. En même
temps, l'Angleterre étouffait par des répressions d'une férocité inouïe les mouvements
de libération de l'Irlande, de l'Inde, de
l'Egypte (et, pour l'Egypte notamment, grâce
à des désordres insurrectionnels montés ou
envenimés par la police de l'Empire). « La
grandeur britannique ne subira pas d'atteinte », a dit M. Balfour à la Chambre
des Communes, à la suite des boucheries
du Caire. L'homme qui parle ainsi, après
s'être donné figure de libéralisme et
d'humanitarisme, est un scélérat. Il incarne,
du haut d'une tribune, toute une religion de

rapine, d'assassinat, d'égoïsme sinistre et de réussite sans bornes (1).

L'action anti-populaire, anti-humaine des grands trafiquants de l'Entente et de leurs armées a éclaté de toutes parts. Les faits sont ineffaçables : grâce à l'Entente, la terreur blanche a écrasé effroyablement la Finlande et la Hongrie. Des gouvernements trop populaires, comme celui de Moraschewsky en Pologne — pourtant bien pâle et timide — ont dû, sur son injonction, faire place à des gouvernements plus dociles, plus réactionnaires. En Autriche, elle a prêté son tout-puissant appui aux chrétiens-sociaux, c'est-à-dire aux cléricaux et aux royalistes, contre le socialisme modéré, qu'elle a refoulé. Les restaurations monarchiques ont été favorisées partout par les puissances soi-disant démocratiques dont

(1) Le traité de Versailles (article 147) sanctionne officiellement la prise de l'Egypte par les Anglais. En 1882, Chamberlain élevait la voix après Gladstone et prononçait ces paroles : « Le Gouvernement de Sa Majesté, en vertu de ses engagements antérieurs et du droit des gens, ne croit pas pouvoir placer l'Egypte sous son protectorat ». En 1894, lord Salisbury disait : « Nous ne pouvons proclamer notre protectorat sur l'Egypte, ni notre intention d'une occupation effective et perpétuelle. Ce serait manquer aux engagements internationaux souscrits par l'Angleterre ». Peut-on rappeler, à cette occasion que, dans sa déclaration du 5 janvier 1918, Lloyd George disait : « Les Anglais ne se battent pas pour priver la Turquie de sa capitale »...

les misérables représentants jettent comme
des défis des proclamations où il ne s'agit que
de liberté. C'est grâce à elles qu'il n'y a pas
eu de république au Luxembourg, qu'il y
aura sans doute un monarque à Budapest et
à Vienne, et ailleurs. Dans le monde entier,
conformément à la loi capitaliste, les contre-
révolutions étaient soudoyées, appuyées, ra-
vitaillées, en un esprit de suite impeccable,
avec l'argent pris aux citoyens des démocra-
ties et avec la chair prélevée sur les peuples.

L'Allemagne! La révolution allemande
n'avait pas été une parodie, comme l'insi-
nuaient d'abord par principe les journaux officieux de l'Entente. C'est la France, l'Angleterre et l'Amérique qui ont provoqué le
remplacement de Haase par Noske, en décla-
rant qu'elles ne reconnaîtraient jamais un
gouvernement résolument socialiste. L'occupation française en Allemagne par une armée
dont les cadres ont été sélectionnés à cet effet,
a été insolemment réactionnaire. Cette armée
est allée se préparer en pays conquis à son rôle
futur de police anti-populaire, rôle qu'elle par-
tagera avec les Sénégalais et les Malgaches.
L'Entente a fait de la nation allemande qu'un
souffle généreux d'affranchissement avait se-
coué, une démocratie à son image : une contrefaçon de l'empire de Guillaume II. Les vrais

socialistes allemands reconnaissent que « le cours des choses depuis le 9 novembre 1918, a affaibli politiquement et économiquement le prolétariat. » (Hilferding, directeur de la *Freiheit.*)

Elle a été plus loin encore : Ceux qui disaient aux soldats : « Battez-vous avec courage, cette guerre sera la dernière, à condition qu'on la pousse jusqu'au bout, jusqu'à la victoire définitive permettant de désarmer l'Allemagne » — ceux-là ont, pour des raisons politiques, pour des raisons de classe, maintenu l'impérialisme allemand et maintenu son armement. La France, comme l'Angleterre, a permis au parti de la revanche de prendre de l'autre côté du Rhin une importance morale et matérielle dont nous sentirons bientôt les effets. M. Clemenceau s'est vanté publiquement d'avoir, « après avoir consulté l'Etat-Major », laissé à Noske les cinq mille mitrailleuses qu'il devait livrer — dans le but avoué de faire du travail contre-révolutionnaire. Il lui a laissé dans le même but une armée formidable, « de cent mille chefs » selon la juste expression de Vaillant-Couturier, et une police armée qui est une armée inavouable. L'armée de Noske compte plus d'un million et demi de soldats. La clause honteuse du traité de Versailles

chargeant l'Allemagne d'assurer la police des
régions baltiques contre les Russes a transformé la Courlande en une fourmilière militaire. Seuls, les humanitaires naïfs peuvent
trouver qu'il y a là un contre-sens. Le désarmement absolu de l'Allemagne entraînerait
celui des autres pays. La suppression des instruments de guerre supprimerait la guerre. Ce
serait la fin de la richesse des Riches et de
leur autorité sur les troupeaux humains.
France contre Allemagne? Allons donc! Là
comme partout et comme toujours : capitalisme
contre prolétariat. (1.)

Tandis que dans les tranchées, la baïonnette ou la bêche au poing, nous faisions ce
qu'on nous disait de faire, tandis que nous

---

(1) « Le maréchal Foch a consenti une réduction
sur la livraison des mitrailleuses. Personne n'a
pu contredire ce fait... Le ministre Noske a déclaré qu'il avait obtenu des gouvernements de
l'Entente la promesse de ne pas réduire l'armée allemande au chiffre fixé par le traité dans les délais
mêmes que le traité avait fixés ». (Déclaration de
M. Barthou, séance de la Chambre du 3 octobre
1919. Page 4758 du *Journal Officiel*.)
Les raisons pour lesquelles on n'a pas désarmé
l'Allemagne, ne sont pas passées inaperçues, qu'on
ne l'oublie pas. Les journaux en ont explicitement
discuté : « Plutôt le pangermanisme que le bolchevisme! » s'est écrié l'*Echo de Paris*. Depuis, nos
officiels, nos officieux et nos officiers ont compris
qu'ils avaient été trop vite et qu'ils avaient trop
visiblement imposé la conservation du militarisme à
l'Allemagne et à la France par conséquent.

nous défendions contre les hommes, contre la
misère et la détresse, que ruisselants de
sueur, de pluie, de sang et d'ombre, parmi
des immensités dont aucun peintre ne rendra
jamais les vertiges, il nous fallait nous pen-
cher sur les cadavres pour savoir s'ils étaient
nôtres, tant la boue de la terre éternelle et le
sang venu de leurs cœurs effaçaient les haillons
de leur race ; tandis que nous disions : « Encore
des jours, encore des nuits, des saisons, des
campagnes d'hiver, pour qu'un jour les vivants fraternisent enfin comme ces cadavres-
ci, et que le mal se change en bien », et que
nous entrevoyions malgré tout, tant l'espoir
et la confiance étaient tenaces, une aube se
modeler sous les sombres montagnes du ciel
— et tandis que les représentants officiels des
masses continuaient comme par le passé à fabriquer des traités secrets, — cette grande
libération humaine prenait vie effectivement
quelque part sur le globe.

Et le militarisme russe, le militarisme allemand, le militarisme français, et l'anglais, et
l'américain, casqués et armés, ces cinq por-
teurs de fer, ces cinq brutes, se sont mis en
devoir de fusiller à bout portant devant un mur
un apôtre coupable d'avoir dit, comme l'aurait
dit Jésus-Christ s'il revenait sur la terre : « Il

faut faire cesser l'exploitation de l'homme par l'homme ».

La guerre contre la Russie est une aventure néfaste pour tous, qui creuse le déficit financier, paralyse la production d'une moitié de l'Europe, le commerce et le ravitaillement des deux moitiés, appauvrit le monde. C'est une entreprise désastreuse à tous les points de vue, sinon au point de vue capitaliste. La fourberie mise en œuvre par les Pichon et les Winston Churchill, exécuteurs des Affaires étrangères, pour faire cette guerre sans la déclarer et même d'abord sans l'avouer, pour ergoter, ratiociner, interpréter après coup l'envoi en Russie de troupes, d'argent, de munitions et de ravitaillement, pour faire faire la guerre par les autres — Ukraine, pays baltiques, Pologne, Roumanie et par des soldats déguisés —, prouve la qualité de leur cause, et aussi le mépris dans lequel les gens tiennent la conscience de leurs sujets.

Les documents diplomatiques étaient plus explicites. Le maréchal Foch a envoyé à tous les neutres, et à l'Allemagne, pour les inviter à collaborer au blocus, une note que l'Allemagne a fait publier après avoir dédaigneusement repoussé cette plate supplique (1), et

---

(1) Bien entendu, nous ne nous illusionnons pas sur les mobiles qui ont poussé l'Allemagne officielle à faire ce beau geste. Nous ne perdrons pas une

dont la phrase capitale doit rester gravée dans les mémoires — ici, le ton du militaire arrogant fait place au plaidoyer insinuant de l'agent d'affaires :

« Il serait souhaitable que tous les peuples désireux de rétablir la paix et l'ordre social s'unissent pour combattre les bolchevistes. »

La paix et l'ordre social, les peuples..., on sait ce que cela veut dire dans pareilles bouches. Tout est là, honnêtes gens ! Commettrez-vous encore longtemps le crime d'être aveugles !

Ceux qui sont responsables du sang des révolutions, car ils sont les contre-révolutionnaires qui les supplicient et les exaspèrent, ceux qui croient qu'on fusille la pensée contre les murs, n'ont pas pu empêcher que peu à peu, hors des campagnes de mensonges de leur presse, se dégageât la beauté de l'immense organisation humanitaire que les rénovateurs russes ont pour la première fois tenté de réaliser sur la terre. Malgré les fautes qu'il a pu commettre, s'il en a commises, au milieu de l'hostilité des événements et des hommes, la figure de Lénine apparaîtra comme celle d'une espèce de Messie.

---

occasion de dire le peu de considération que nous inspire le gouvernement actuel de l'Allemagne, que pas plus qu'un autre, nous ne confondons avec le peuple qu'il mène.

Mais le patronat international sait qu'il est nécessaire que cette expérience ne porte pas de fruits. Il s'est opposé systématiquement à toute enquête. Que deviendrait l'argument si sommaire, si commode, qui consiste à traiter purement et simplement d'utopie puérile l'idéal des socialistes ! Et puis, la lumière est contagieuse. Il y va du statut de demain, il y va de la loi capitaliste, du coffre-fort de la Richesse, et jamais ils n'arrêteront, tant qu'il leur restera de la force et de la perfidie, l'effort désespéré qu'ils font pour noyer cet idéal dans le sang et dans la boue. S'ils y sont violemment contraints un jour, ils allègueront des raisons généreuses et mentiront une fois de plus. En attendant, le blocus, qui fait mourir par la famine des millions de femmes et d'enfants innocents a renforcé impitoyablement l'aide infâme apportée aux tsaristes. La malédiction des hommes et des femmes, martyrs d'une cause admirable, a encerclé de son impuissance notre civilisation pourrie et la joie babylonienne des villes-lumière.

Ces plaintes se mêlent à celles des populations innocentes qui errent, souffrent et meurent sur tous les points du Vieux-Monde, victimes des conséquences de la guerre ; de la famine, du typhus et de la persécution.

Après la dispersion des hordes lamentables

des Belges et des populations du nord de la
France, et de toute cette multitude serbe dé-
racinée d'un seul coup, le dénuement s'im-
mensifie ailleurs, rétrécit des flots de suppliciés sur le damier refait de l'Europe : aux
confins des pays nouveaux où continuent la bataille et la vengeance (certains pays, nés de
la guerre, sont animés d'une férocité natio-
naliste toute neuve, et d'ailleurs aiguillonnée
par les Maîtres), ou dans des régions tuées où
l'on ne peut plus vivre désormais. Vienne ago-
nise innombrablement. L'indifférence raisonnée
des puissants en assassine toute la population :
cent grammes de pain par semaine et par ha-
bitant. L'Ancien Continent est plein d'enfants qui s'éteignent doucement, de froid et
de faim, dans les bras de leurs mères. En
Hongrie, les bébés ont des faces d'adultes,
tellement la mort approchante les vieillit vite.
Les rapports nous les montrent n'ayant plus
la force de lever la tête. Faute de soins, ils
deviennent aveugles ; faute de médicaments
et de linge dans les hôpitaux qui en recueillent quelques-uns, on les opère sans les anes-
thésier et on emploie pour les envelopper, des
journaux qui empoisonnent les plaies dont ils
sont criblés, et les font mourir. Les Juifs dans
cent villes à la fois, et les survivants de l'Ar-

mênie émiettée, sont décimés par les uns ou par les autres.

Partout s'élèvent des appels à la miséricorde, des prières égorgées s'adressant au hasard, à tâtons, au bon plaisir de la charité; cette grande et faible chose qui contrebalance par un fantôme la loi déchaînée du « chacun pour soi » ; partout, des lamentations déchirantes, interminables, un malheur universel qui éblouit et qui écœure. On n'a pas arrêté la guerre partout, mais même là où on l'a fait, on n'a pas pu arrêter la destruction tenace, la mort vivace.

S'il y a dans tous les pays, de nobles protestations contre le fléau systématique de la famine — comme celle dont Douglas Goldring a pris depuis longtemps l'initiative en Angleterre et quelques comités de braves gens en Angleterre, en Amérique et en Suisse, — il y a aussi une partie du public intoxiquée de chauvinisme, qui, lorsqu'elle s'avise d'y penser, voit sans regret se coucher dans la mort des populations hier ennemies ; et pourtant, comme toutes les populations, elles n'ont jamais rien compris à la guerre qui s'est mise à souffler un jour. Il s'est trouvé une Association de femmes françaises et un Comité de la Société des Gens de Lettres pour répondre à l'appel des agonisants que, somme toute, c'était bien fait ! La croisade contre les enfants et les femmes a été encouragée par les journaux de « l'ordre » qui ont fait une campagne d'étouffement, et imprimé que les populations qui cherchaient à apitoyer les vainqueurs « n'étaient pas si malheureuses que cela ».

Seul, tout d'abord, le parti socialiste a élevé la voix. Le premier, il a agi. Le parti socialiste italien a commencé à sauver et à recueillir les enfants autrichiens moribonds dans cette Rome où trône sous une tiare le Renégat du Christ. Si les Alliés se décident à secourir Vienne ou Budapest, et si la mode s'en mêle ensuite, que personne ne leur en ait de reconnaissance ! Ils ne le feront que par crainte de la Révolution.

... Et la vieille société victorieuse acclame ses rois, et elle danse. Le tango l'a reprise et la pousse à l'inconnu dans ses linceuls dorés. Mais à travers les accouplements de la valse exotique, on voit les lignes desséchées d'une danse macabre.

Le châtiment.

Danse macabre, mort. Car maintenant vient le châtiment. La vieille société va mourir. Les événements ont enfin déchiré de

force les voiles dont elle osait se parer, et
en montrent d'un seul coup l'ignominie et la
fragilité.

Nous sommes arrivés à ce moment où le
genre humain ne peut plus vivre dans les
conditions qui lui sont faites par les institutions existantes. Ce qui n'est pas basé sur la
vérité ne peut durer que par la violence et
la ruse. Ces moyens eux-mêmes sont usés.
La faillite morale devient matérielle. *Nous allons à la banqueroute, à la famine et à la défaite.*

Nous avons, pour ne parler que de la
France, un chiffre de dettes qui dépasse celui
de toutes les fortunes privées réunies. La
ruine des Français est donc exactement consommée.

On a fait la guerre, et les gaspillages indicibles de la guerre, à crédit. On a éloigné les
échéances comme des spectres. On a tout
rejeté dans l'avenir, on a falsifié le présent.
On a emprunté aux Français, aux Alliés, en
faisant croire frauduleusement à l'opinion que
l'Allemagne paierait. On a bouclé le déficit,
à la petite semaine, par l'émission de billets
de valeur nulle, qui représentent exactement
les o fr. 20 de la vignette, — perfectionnement
luxueux du système de fausse monnaie abondamment pratiqué jadis par les rois de France,

Pour que l'impôt ne soit pas juste, et effleure seulement les profiteurs au lieu de les fouiller, on a demandé de l'argent momentané aux taxes de consommation et d'usage, qui frappent les pauvres et donnent lieu à une amplification déréglée du prix de la vie, chacun des intermédiaires superposés se couvrant de la surtaxe, et bien au delà, par une augmentation fantaisiste. On a maintenu l'apparence du prix du pain, désespérément, jusqu'à la paix, jusqu'aux élections, avec quatre milliards par an. On a même envisagé le coup de la loterie : la transformation du Ministère des Finances en maison de jeux.

Tous ces procédés abstraits ou ruineux font place au réalisme des échéances. La Finance officielle de la France a besoin d'urgence de 60 à 70 milliards. Dans les années qui viennent, se creusent d'autres gouffres. Ce déficit ne peut pas normalement être comblé.

Et ce déficit s'agrandit sans cesse. La cherté de la vie, que d'aucuns s'attendent peut-être à voir disparaître par un coup de baguette magique, va sans cesse s'accroître et pour cause. Les privations vont s'accumuler et se multiplier. Ceux qui vivent de « professions libérales » ne peuvent plus que difficilement gagner leur pain, et malgré les augmentations de salaires, mesure fictive et pro-

visoire qui débordera les ressources des
employeurs enserrés par leurs propres lois
capitalistes de protection, la classe ouvrière
et celle des employés sont acculées : impos-
sibilité de se vêtir, de se chauffer, bientôt de
se loger et de se nourrir. La classe paysanne
ne tardera pas à voir, quand la conscription
fouillera ses foyers, quand la spoliation fouillera ses poches et frappera la terre, bien tan-
gible entre tous, que de superficiels enrichissements qui en avaient déclassé et désaxé quelques éléments, lui masquaient l'abîme commun. Les faits démontrent que le fonctionnement normal du mécanisme capitaliste aboutit
au grossissement des grosses fortunes, en
même temps qu'à la diminution du nombre
des riches. Il tend à faire des rois. En France,
en vingt ans, le nombre des fabriques de sucre
a diminué de moitié, ainsi que leur personnel
ouvrier, et la production et le bénéfice ont
augmenté de près du triple. Cette centralisa-
tion dévoratrice de l'or est plus sensible encore
dans les pays plus riches. Aux Etats-Unis,
on voyait en 1912, deux hommes, Rockfeller
et Pierpont Morgan, commander, par un Etat-
Major de 320 millionnaires, à un capital de
144 milliards. Le petit patron, le petit pro-
priétaire rural qui, trompés par la somptueuse
propagande de la presse conservatrice, se cram-

ponnent à la vieille organisation, sont condamnés par elle. Il est en haut, le péril qu'ils voient en bas. Ils sont guettés par les grandissantes sociétés financières, industrielles, agricoles et commerciales qui commencent à prendre de toutes parts une extension internationale.

Les charges du budget vont augmenter, d'exercice en exercice, puisque les causes d'augmentations de dépenses subsistent, puisque la guerre continue et que des conflits latents, qui sont à la merci d'un geste ou d'un incident, éclateront de toutes parts après une courte période d'arrêt qui ne donnera le change qu'aux myopes, — *puisque la paix armée continue.*

Un mouvement de revanche militariste se dessine en Allemagne, grâce à la complicité Foch-Hindenburg et Clemenceau-Noske. Nos liens d'alliance et d'association avec les puissances anglo-saxonnes se relâchent manifestement : Qui s'étonnerait de l'instabilité d'unions aussi immorales que celles qui ont soudé un bloc d'impérialismes contre un autre dans un but de destruction de concurrence, d'hégémonie commerciale et de partage de butin ? Puisque toute solidarité idéale, toute grande idée générale et humaine a été rayée du programme des vainqueurs, la règle utili-

taire sera tôt ou tard appliquée brutalement
à la France ; les autres puissances, n'en doutons pas, ne lui continueront leur concours
que si elles y trouvent leur intérêt.

Les Etats-Unis devant qui nous sommes
réduits à la mendicité, et qui ne ratifient pas
le traité de Versailles, n'ont pas besoin de
nous. L'Angleterre a peut-être encore besoin
d'un soldat continental pour s'éviter cette conscription à laquelle son libéralisme égoïste ré-
pugne. Mais nous avons tellement besoin
d'elle ! D'elle à nous c'est un lien léger ; de
nous à elle, une chaîne. Il n'est que trop
facile de constater que nos créanciers alliés et
associés ont déjà commercialement abusé de
la situation, en raflant, sur les achats de cé-
réales, de sucre, de bois, de pétrole, que la
France est forcée de leur faire, des bénéfices
monstres. Tout en reconnaissant éloquemment
que nos sacrifices ont été supérieurs aux leurs,
ils ne veulent plus nous avancer d'argent. La
dépréciation désastreuse du franc, qui s'était
maintenu pendant la guerre et qui est brusque-
ment tombé, après la paix et les élections,
à la moitié de sa valeur sur les marchés de
Londres, de New-York, de Barcelone et de
Genève, donne la cote de l'estimation mondiale de la valeur de la France, et marque la

confiance qu'on a autour de nous, dans notre crédit et notre avenir.

La vitalité de la France est faible, elle décroît. Il y a eu en France, en 1918, deux décès pour une naissance, non compris les décès dûs à des faits de guerre. Si nous voulons imposer à nos adversaires, si nous voulons, surtout, mériter l'amitié de l'Angleterre, il nous faut une armée plus vaste que jamais. Le service militaire dont nos politiciens gouvernementaux ont osé faire miroiter la diminution de durée va donc bientôt devenir (ils le savent bien) plus long et plus lourd qu'il n'a jamais été. La surenchère mathématique des armements d'avant-guerre va recommencer, puisque rien du passé n'est aboli et que c'est à travers le monde le même système « d'équilibre » artificiel et acharné. Par quel miracle, d'une situation identique ne jailliraient pas des conséquences identiques ? Nous allons nous retrouver en présence de la folie des chiffres qui reprendront leur ruée effrayante de la période 1871-1914, avec les bonds gigantesques qu'imposeront les « progrès » de l'artillerie lourde, de l'aviation, de la navigation sous-marine et les moyens de guerre nouveaux que nous ne connaissions pas encore, les informes trouvailles de l'avenir.

On dépose déjà, sur les bureaux de tous les

parlements, des programmes de constructions navales de guerre. Les Etats-Unis ont en construction 19 grands cuirassés. La programme naval de M. Daniels comporte la mise en chantier de 26 grands cuirassés nouveaux, début d'une progression conçue dans le but nettement proclamé de « mettre fin à la suprématie navale de l'Angleterre ». Lord Weir, membre d'une mission anglaise aux Etats-Unis, a fait une déclaration que la presse a enregistrée : « La prochaine guerre sera en grande partie une guerre aérienne... La Grande-Bretagne doit indubitablement devenir une puissance aérienne de première grandeur. Il est évident qu'il faut qu'elle se prépare à des dépenses d'une énormité sans précédent ». Evident, en effet. C'est la confession, intempestive peut-être, mais sensée, d'un état de choses et de ses résultats. Un seul document comme celui-là suffit. Il porte avec lui toute la preuve de la machination impérialiste, et toute la fatalité arithmétique de son auto-destruction. Ne comprenez-vous pas tous que les budgets de guerre, ennemis ou amis, se commandent et se poussent l'un l'autre, d'une latitude à l'autre, bouleversés et reformés par les inventeurs infatigables, que ne pas s'arrêter dans les dépenses, c'est se jeter dans l'abîme, aller à la mort?

Et pourquoi s'arrêterait-on, et comment s'arrêterait-on désormais? Vous vous débattez en vain par la pensée contre les conséquences de ce que vous faites. L'implacable formule capitaliste-nationaliste trace dans la grandeur du monde des cercles où on est obligé de tourner. Puisque c'est la loi du plus fort, il faut être le plus fort, et on s'épuise à être le plus fort. Irrésistiblement, clairement, la société contemporaine se suicide. Si au lieu d'user sa pauvre activité à crier : « Vive Clemenceau », et à s'abaisser sur le passage des organisateurs du malheur, le citoyen de bon sens réfléchissait positivement et honnêtement, il comprendrait bien que paix armée signifie progression constante d'armements, et que progression signifie fatalement lutte inégale des chiffres et des choses contre la vie, anéantissement.

La France sera sans doute la première victime des événements. Plus que toutes les autres puissances, la France *avait besoin* de s'imposer par la qualité spirituelle, par la raison, par la conscience, d'être une autorité morale respectable. Plus que toutes les autres, elle représente aujourd'hui dans l'univers l'opposition bornée à l'idée de justice sociale — non pas comme l'Angleterre parce qu'elle a en vue un grand plan d'affaires, vorace et immuable dans les siècles — mais par

son étroit entêtement conservateur, son chauvinisme frivole, trop heureux de lâcher continuellement la proie pour l'ombre, et sa xénophobie qui n'est qu'impertinente. Entourée de
l'indifférence plus ou moins polie encore de
l'Angleterre et des Etats-Unis, du dédain de
l'Italie idéaliste, de la haine de l'Allemagne, de
l'Autriche, de la Hongrie, de la Russie, pour
ne citer que les plus grosses rancunes, de la
riche méfiance des neutres, elle continuera de
se répéter, les yeux fermés, qu'elle émerveille
le monde. Elle descendra, sans gloire et sans
beauté, dépouillée du prestige qu'elle eût jadis, au rang qu'elle mérite par son obéissance et son aveuglement et la valeur des maîtres qu'elle s'est donnés, (mais, hélas, même la
faillite nationale enrichit les profiteurs !)

L'Amérique et l'Angleterre, vainqueurs
des vainqueurs, que la manipulation du
Mexique ou de l'Asie intéressent plus que
la France, sont-elles beaucoup plus solides ?
Non, ces grandes façades impérialistes ne
sont que des façades. Sous l'armature de fer
et d'or, jamais la situation intérieure n'y a
été si troublée. La même absurdité sociale
les ronge, et dans les conditions modernes, l'impérialisme, — l'état de guerre
aigu ou latent — comporte plus de ruine et de
mort qu'il n'y a ici-bas de richesse et de vie.

Toutes les nations capitalistes sont marquées. Elles opposeront plus ou moins de résistance à l'agonie, leur destinée est accomplie. « Le Vieux-Monde va mourir » annonçait dernièrement le premier ministre anglais, obéissant à cette vieille tactique de l'impérialisme britannique qui consiste à s'emparer et à profiter des faits inévitables, à s'annexer les grandes idées comme le reste. Mais cette fois, la puissance invaincue des Anglais se heurte à quelque chose de plus fort qu'elle : la vérité, et ce qui en est le nom vivant : l'avenir.

Nos gouvernants et nos diplomates se livrent à une sorte de prestidigitation éperdue pour concilier l'inconciliable. Les combinaisons, les moyens de fortune essayent en vain de suppléer à une ligne de conduite rationnelle, honnête, qui serait trop contraire aux intérêts capitalistes. On tâche d'ajourner ; on tâche d'équilibrer momentanément — à l'intérieur et à l'extérieur — tout un système qui ne tient pas debout, et qui est vicié par ce principe fondamental que la prospérité des uns — nations ou individus — y est faite du malheur des autres.

Des flatteries ou des promesses, ou des brutalités tentent d'apaiser les grondements populaires ; la bourgeoisie est entretenue dans une panique salutaire, les campagnes, gorgées de paroles dorées. On concilie au hasard, pêle-mêle, dans les déclarations politiques (nous l'avons vu aux élections) des promesses qui s'excluent réciproquement et ne peuvent coexister que dans des discours et sur des affiches.

Et le « Conseil Suprême », imperturbablement, poursuit dans un salon cette quadrature du cercle qu'est l'adaptation des frontières à tous les appétits, — puisque c'est le règne des appétits —, et sème les nationalités comme on sème le vent. Les pouvoirs nationaux tirent chacun à eux, comme des choses, les peuples spacieux qui recouvrent l'Ancien Continent. Le principe des nationalités, qui n'est pas un grand principe de liberté, parce qu'il est, en réalité, artificiel, n'est presque partout qu'un prétexte d'asservissement. Et déjà, la Pologne se dresse, spadassin de l'Entente, contre la Russie, la Hongrie se prépare contre l'Autriche et la Tchéco-Slovaquie, l'Italie contre la Yougo-Slavie. Là-bas, — dans la moitié jaune de l'humanité, — le Japon singe l'impérialisme du Vieux-Monde et par conséquent le menace ; déjà, il déborde dans nos guerres. La Chine, que l'Angleterre a abrutie de force par l'opium, se réveille, et l'Indo-Chine, que la France a abrutie de force par l'alcool, se réveillera aussi. La France est rongée par

le Maroc, et moins que jamais avares de leurs
soldats, ses ministres hasardent en Asie-Mineure une conquête hypocrite qui nous mettra en conflit avec les Turcs et avec les 15 millions d'Arabes du Levant, et qui promet de
s'étendre comme une nouvelle maladie chroni-
que sur nos générations de soldats. La main-
mise perpétuelle sur la Rhénanie va bientôt,
n'en doutons pas, s'imprimer en idée fixe dans
les cervelles nationalistes. Pour satisfaire toutes les convoitises de spéculations nationales,
il faudrait en vérité que le monde eût deux
superficies.

Comme on ne peut pas organiser le désordre, on se cramponne à des expédients qui
hâtent et aggravent la catastrophe. Replâ-
trer, arranger, raccommoder hâtivement,
sauver l'apparence, gagner du temps. Les
politiciens du capitalisme international sont
des hommes qui usent violemment leurs
dernières forces, qui se brisent l'échine et
s'arrachent les ongles à essayer de soutenir
avec leur dos et leurs mains un bâtiment qui
chancelle et qui tombe, et dont les ruines sont
mille fois plus fortes qu'eux.

Les meneurs des choses et des hommes
convient les masses à s'épuiser jusqu'au bout
pour les aider. Nous les entendons ici leur

crier dans le mode mélodramatique : « Il n'y a qu'un recours contre la ruine ! Ce n'est pas de reprendre les fortunes volées, de faire rendre gorge aux profiteurs, encore moins de substituer au système actuel un système où il n'y aurait plus de profiteurs, encore moins d'envisager un statut du monde qui ne reposerait pas sur la convoitise et la spoliation. Non, non, le seul recours c'est le travail, c'est-à-dire votre travail à vous. Travaillez, travaillez contre les autres peuples, travaillez tellement, produisez tant, que la misère se change en prospérité. A vous de refaire notre crédit. Reconstruisez avec vos mains ce que nous avons détruit avec vos mains. Accomplissez des prodiges, des miracles de travail. Faites des enfants sans compter, repeuplez les déserts des champs de bataille avec votre chair, pour que nous ayons à notre disposition des travailleurs et des soldats futurs, reconstituez-nous un matériel humain pour que notre puissance subsiste et que nous puissions refaire ce que nous avons fait... Ce n'est pas tout : payez, vous, les peuples, parce que vous avez été soldats, et payez pour pouvoir l'être encore. Et surtout, ne faites pas de politique, ne vous occupez pas de vous, laissez-nous ce soin, baissez la tête et restez unis avec vos bourreaux, sinon nous vous accuserons de fomenter la guerre civile ! » (1.)

Le mal ne vient pas des hommes, mais des choses.

Par-dessus tout, sachons voir d'où vient le mal. Cela est maintenant assez visible. Ne tombons pas dans cette erreur enfantine de croire que ce soit là une question de personnalités. De même que les maux de la guerre sont imputables avant tout à l'état de guerre lui-même, le malheur universel provient du capitalisme universel, voilà la vérité unique. Ce qu'un personnel gouvernemental a fait ici avec une mentalité et des procédés d'agents de police, d'autres, plus avisés ou plus souples, l'ont fait ailleurs autrement, et ont abouti à des résultats pareils. L'état de choses n'a pas été créé par les incompétences et les malhonnêtetés ; le chaos irrémédiable des malhonnêtetés et des incompétences a été

____

(1) Déjà, dans les milieux bien pensants, on conseille charitablement aux ouvriers d'abandonner la journée de huit heures. Le droit de grève est remis en question partout. En Allemagne, au bruit de la fusillade qui faisait des trouées dans la foule, le Parlement a voté une loi sur les Conseils d'Entreprise, qui porte atteinte au droit de grève. Déjà, des soldats armés sont allés chercher à domicile des cheminots en grève pour les conduire au travail. Attendons-nous, ici, à voir cela de près.

créé par le système même qui dispose de la vie collective, de même que la guerre, imbécile et sanglante, façonne ses chefs à son image (elle façonne bien, à son image, la pauvre horde des simples soldats !) Tant que sévira une formule sociale telle que celle que nous subissons, on en verra naître des Clemenceau, des Lloyd George, des Orlando ou des Millerand ou des Briand, ou même des Mandel ou des Mangin, on en verra sortir comme des mouches, les mercantis et les voleurs, on en verra sortir les grand· :hâtiments universels. Tout cela est normal, tout cela est logique. Plus le système signifie folie vis-à-vis des esclaves, plus il signifie cohérence et logique de la part des maîtres. Ne nous laissons pas dérober le sens profond et sacré de notre réquisitoire. Prenons-nous-en au crime, pas seulement aux criminels. N'admettons jamais qu'on puisse innocenter l'enfer terrestre en jetant aux quatre vents quelques noms ou même quelques dépouilles, n'admettons pas qu'il puisse être innocenté, et qu'on justifie l'injustifiable.

Nous annonçons avec certitude la nouvelle du désastre où roule notre civilisation. Nous le faisons sans lyrisme et sans sarcasme, sans haine préconçue. Nous expliquons simplement cette ruine inéluctable parce que les origines en sont aussi évidentes que les résultats. Si la civilisation s'écroule après s'être maintenue pendant des siècles sur des mensonges d'idées répercutés de haut en bas, de fond en comble, c'est parce que son absurdité fondamentale — L'ENRICHISSEMENT TRIOMPHANT DE QUELQUES HOMMES PAR LA DÉFAITE ET LA MISÈRE DE TOUS LES AUTRES — s'est hypertrophiée, aux mains barbares des dirigeants, en raison du progrès scientifique et industriel.

II. – LA RÉVOLTE DE LA RAISON

Mais il y a autre chose que les événements
et les lois temporelles dans la vaste humanité.
Il y a la raison humaine.

Les orages de la nature, les lois des saisons,
les lentes destructions de la vieillesse, sont
sourdes, aveugles et passives. On ne peut rien
contre les déluges du monde, ou contre l'évolution des atômes dans les infinis intérieurs.
On ne peut rien non plus contre les drames
par lesquels le cœur humain en sa gangue terrestre et sa sublime et affreuse liberté, se per-
sécute lui-même d'un bout à l'autre d'un des-
tin empoisonné par la séparation insondable
des êtres, la pauvre sauvagerie de l'égoïsme,
l'idée de la mort et l'oubli, mort vivante. Il
n'en est pas de même des institutions humaines. Ce qui a été faussé par les hommes peut
être redressé par les hommes ; disons d'abord,
pour mettre de l'ordre dans notre grand tâ-
tonnement : peut être redressé par la pensée
des hommes.

La raison humaine doit d'abord se conqué-
rir, approcher des faits et des choses son in-

terrogation, juger et créer. C'est la révolte sacrée qui s'impose avant tout. Je disais : « Nous qui avons la honte de vivre ces jours-ci ». Je dis maintenant, en m'adressant à tous mes frères universels : « Vous qui avez la responsabilité de vivre aujourd'hui. » On n'a pas le droit d'être fataliste tant qu'on n'est pas absolument sûr de se heurter à l'impossible. Le malheur doit toujours faire penser. Chacun de nous est un être de raison, et la raison est dans la nature une divine ligne droite, et la lumière de la lumière.

La raison, non le sentiment.

La raison n'invente pas la vérité. Elle la trouve. Ici-bas, la vérité est superficiellement cachée, et il n'est pas toujours facile de la voir, même lorsqu'on l'adore.

La souffrance la fait entrevoir parfois jusqu'au fond, et impose confusément aux yeux le plan magnifique. Les déshérités ployés sous le joug sont les premiers qui ont, par éclairs, rêvé impérieusement la justice. Les sacrifiés, les violentés, les pourchassés, ont deviné en gémissant la beauté de la douceur et de l'harmonie. Dans les nécropoles de ceux qui furent pendant quinze cents jours fusillés, dépecés et brûlés les uns par les autres, champs hideux et surtout étranges qui sont hors la loi de nature, le moribond à demi-redressé parmi la nuit et les lueurs cinglantes, flambant de fièvre, délirant et chantant, fut l'instrument animal de la joie de vivre, et les râles lourds et roulant à ras du sol comme des flots, ont crié vers la lumière.

Pauvre bétail humain, cela ne sert à rien de hurler ! Il faut comprendre. Cela ne sert à rien de maudire : d'autres — ceux d'en haut — t'expliquent à leur guise et falsifient tes malédictions. Ta souffrance ne compte pas, sinon pour toi-même. Les lamentations des femmes en deuil, les cris d'horreur contre la guerre et contre la faim, les plaintes classiques et périodiques des poètes et des moralistes, ne sont que les paroles du vent : tout cela s'interprète et sert en définitive d'arguments aux avocats du vieux système écrasant qui crée les deuils et perpétue l'horreur. Il faut affirmer, c'est-à-dire attacher la vérité à la vérité, aller aux causes, faire œuvre de raison.

La raison d'abord, la raison seule, pour ordonner le chaos. La cruauté de la loi sociale ? Soit ; mais d'abord, son absurdité. Croyons à ceci : Sans la raison, la bonté et la pitié elles-mêmes ne servent à rien. Certes, la pitié est le grand instinct maternel de l'âme humaine, et il n'est rien de plus pur. La souffrance, c'est notre profondeur même. Mais la sensibilité est peu sûre. Elle peut se tromper, elle se trompe souvent, si précieuse qu'elle soit en elle-même. Elle est infaillible dans son essence, si on veut, non dans son objet. Nous voyons des foules s'exalter avec ferveur, frissonner d'enthousiasme, pour des erreurs et des idoles, et accomplir avec amour des œuvres de haine. (1)

Il est trop facile d'enivrer les cœurs. Comme le disait Magdeleine Marx en s'adressant aux femmes, il est parfois trop facile de faire pleurer. La pitié tâtonne admirablement avec ses mains, sanctifie tout ce qu'elle touche, mais elle a les yeux crevés. Elle est souvent, malgré elle, égoïste et paradoxale, désordonnée. Elle est individualiste et n'atteint pas les inconnus. Combien de mères dont la guerre a tué l'enfant se sont arrachées de l'intimité de leur deuil ? L'attitude des femmes pendant la guerre a montré l'inintelligence de la douleur.

Il n'y a pas lieu de chercher dans la seule bonté de l'homme, dans les seuls instincts altruistes de son cœur, une perfectibilité qui est

____

(1) Dans la noble Italie, qui vient de se placer en tête du progrès social, il y a eu des honnêtes gens pour admirer d'Annunzio et son lâche et vil attentat à main armée.

vague et qui, peut-être, est nulle. La palpitation des cœurs doit être réglée par l'esprit et appuyée sur quelque chose qui n'erre pas. La raison, d'abord. Le sentiment doit naître de l'idée ; l'idée ne doit jamais naître du sentiment. Et rien n'est plus beau ici-bas qu'une émotion consciente et qu'un amour lumineux.

La raison, non la croyance.

N'acceptons pas comme base de l'ordre social, le mysticisme, la croyance religieuse, si bᵉ ᵗrée qu'elle puisse paraître.

Il y a en ce moment un grand réveil néochrétien. Souvent, des jeunes gens, des femmes, sont venus nous trouver et nous ont dit : « Nous sommes des chrétiens, mais des chrétiens selon l'Evangile. Nous sommes détestés et traités d'anarchistes par l'Eglise régnante, et nous venons à vous à cause de la conformité de votre morale avec la nôtre. » Nous leur répondons : « Nous respectons en vous des bonnes volontés sincères, honnêtes et courageuses. Votre idéal — quoique la croyance apporte une singulière contribution à cette notion d'autorité et de tradition qui a fait le malheur incalculable du genre humain, et une résignation foncière qui

encourage la funeste indifférence des hommes
en matière sociale — votre idéal s'exprime
pourtant dans les mêmes termes que le nôtre,
puisqu'il n'y a qu'une seule vérité morale. Les
révolutionnaires farouches et purs ressemblent
par plus d'un point aux premiers chrétiens. Il
se peut que vous fassiez dans le monde une
œuvre parallèle à la nôtre et que nous travail-
lions plus ou moins longtemps dans le même
sens. Mais nous ne fondrons pas notre effort
avec le vôtre, nous ne ferons pas œuvre commune, parce que nous ne voulons pas intro-
duire dans l'harmonie des idées rationnelles
le principe religieux — qui est à la fois trop
personnel et trop souverain. Vous amenez
avec la foi un commandement constitutif qui
rend inutile la raison, la met hors de question,
s'impose despotiquement par des voies sur-
naturelles. Il y a antagonisme entre la foi et
la raison, elles se détruisent l'une l'autre,
même lorsqu'elles sont d'accord. De plus,
la religion, intégrale, ou dénudée jusqu'à
sa formule la plus élémentaire, le simple
théisme, apparaît à trop d'hommes comme
une touchante fiction. Discutable et discutée,
elle n'a comme foyers que des convictions
éparses, vivantes, mortelles, sur lesquelles on
ne peut pas fonder solidement un ordre social renouvelé. »

D'ailleurs, nous voyons le désordre que cette force terrible et mystérieuse a apporté dans l'histoire des foules, le trop facile abus qu'ont fait les hommes d'une puissance spirituelle qui n'a point de contrôle fixe ni de critérium sensible, et qui ne ressortit, en définitive, que de quelques décisions individuelles ; nous voyons le contraste si dramatique qui sépare aujourd'hui les églises sorties jadis innocemment de l'Evangile, avec l'Evangile lui-même, le secours formidable accordé sans cesse et partout, en bloc, par l'Eglise catholique ou protestante à l'action conservatrice, et le petit nombre même des hommes purs qui voient distinctement les sources originelles. L'effrayant passé de fanatisme et de corruption nous défend d'engager l'avenir dans cette voie — qui nous garantit que celui-ci ne répétera pas celui-là ? — nonobstant l'estime due aux âmes exceptionnelles et aux nobles bonnes volontés. Que les croyants viennent à nous, s'ils veulent, mais que leur croyance demeure strictement personnelle et intime, et n'intervienne jamais à aucun titre dans la construction objective de la règle commune.

Dès qu'il ne s'agit plus de vie intérieure, d'intimité passionnelle, nous ne voulons nous appuyer que sur la raison. La raison est inflexible. Elle est commune à tous les hommes. Elle est une mesure fixe. Elle fait que tous ceux qui s'ignorent et ne se voient pas peuvent se reconnaître comme des amis perdus. Voilà le seuil net, positif et ferme d'où nous contemplons du côté de l'inconnu et du soir la réalité face à face. La raison ordonne par-dessus le chaos agité où se déforme chaque regard particulier, un rite d'une sérénité et d'une lente majesté démesurées, comme la danse des astres.

N'admettre que ce qui est vrai.

Il n'y a rien de plus grand que de chercher ce qui est évident, c'est-à-dire stable par soi-même, que de contrôler une à une les notions que nous avons, pour faire la sélection de celles qui sont certaines et de celles qui sont artificielles — même si celles-ci se sont peu à peu imprimées en nous par un long et solennel usage. Il est difficile de se dégager des antiques habitudes qui meublent le cerveau. Il le faut pourtant.

C'est la méthode des savants dans la poursuite scientifique. Ce doit être celle des simples hommes et des esprits probes dans la recherche des lois simples et claires de la collectivité. Car elles sont simples et claires comme toutes les grandes lois, et elles apparaîtraient telles à tous si des erreurs et des mensonges ne s'étaient pas amoncelés et solidifiés autour d'elles.

Le premier terme : l'individu.

La raison dit d'abord que la réalité humaine, c'est l'individu. C'est l'être humain, avec ses défauts et ses qualités, ses aspirations et ses besoins. C'est chacun de nous : *c'est la vie.* La vérité sociale palpite et respire.

On fait preuve d'ignorance et œuvre d'utopie quand on méconnaît socialement cette seule source de la vérité vivante, c'est-à-dire quand on préconise un principe qui va à l'encontre d'une tendance fondamentale ou d'un intérêt profond de la nature humaine. Toute l'organisation collective des hommes doit se ramener à l'homme, se vivifier de la vie individuelle, *et dans la plus grande mesure possible, respecter l'autonomie individuelle.* Telle est la première croyance rationnelle.

La loi d'égalité.

Mais on ne peut pas s'en tenir à cette conception de l'individu, puisque la société —

et c'est la structure sociale que nous cher-
chons à créer dans l'abstrait — est composée
d'un ensemble d'individus. La doctrine anar-
chiste pure s'y maintient. Elle n'est donc, si
juste qu'elle se dresse dans sa lutte contre
certaines forces anti-individualistes, que des-
tructive et négative. C'est un tronçon de doctrine ; elle dégage seulement des fondations
et piétine autour d'elles. On ne peut pas calcu-
ler avec le chiffre : un. La seule idée de
liberté n'a pas de dimensions. Et par bien des
points, on peut le remarquer, l'oppression
capitaliste présente les tares, et les déborde-
ments de l'anarchie.

Le respect de l'individu est donc un premier
terme dont il faut sortir. La loi qui sort auto-
matiquement du contact des individualités,
restreint évidemment chacune d'elles ; elle
n'est naturelle, logique, que si cette restric-
tion laisse *à chacun la plus grande part possible* d'indépendance et d'épanouissement,
c'est-à-dire est *égale pour tous.*

La règle d'égalité doit être la règle essen-
tielle de la collectivité humaine ; c'est la tra-
duction, dans le domaine objectif du nombre,
d'un absolu qui ne peut rester emprisonné
dans le « moi » ; elle signifie : pour chacun,
le maximum de liberté ou plutôt, pour employer une expression beaucoup plus positive,

le minimum de contrainte. C'est l'expression publique intégrale du culte de l'individu. Elle s'invente elle-même, s'impose toute seule comme les lois scientifiques, et on ne peut pas en concevoir d'autre sans tomber dans le surnaturel et l'arbitraire.

Cette égalisation, commandée par l'agglomération des vivants, ne doit porter que sur la part personnelle — devoirs et droits — qui est englobée dans l'organisation de la vie commune, sur le citoyen, non sur l'homme. Il serait absurde de proclamer : tous les individus doivent être égaux, car cela impliquerait une déformation anti-naturelle et extra-sociale d'éléments qui diffèrent infiniment les uns des autres par la qualité. Nous disons : Aucun citoyen n'a, en principe, plus de droits qu'un autre, tous doivent aborder la vie sociale exactement dans les mêmes conditions sociales, et compter exactement autant l'un que l'autre vis-à-vis des lois et des moyens d'élévation sociale. Les différences de valeur qui existent entre les hommes ne doivent pas être prises en considération dans ce principe de base. La société doit en profiter, cultiver et susciter toutes les supériorités intellectuelles, artistiques, morales (qui sont livrées au hasard, méconnues et étouffées à leur origine même dans l'antique société actuelle), mais ces supériorités ne doivent pas constituer des privilèges de principe et mettre ceux qui les détiennent au-dessus de la loi collective.

Quand on a dit : égalité, on a tout dit.

Cette loi d'égalité est le fondement de tout l'ordre social idéal, parce qu'elle est parfaitement nette et juste. Elle est à elle seule, formidable. Ce simple mot contient en germe toute la révélation splendide. Quand on a dit : égalité, on a tout dit. Il semble que lorsqu'on a énoncé cette loi, on énonce un truisme, tellement elle est simple et équitable, et tranquille et douce d'expression, et pourtant son application à l'organisation humaine constituerait le bouleversement le plus immense qui fut jamais. Elle n'a jamais et nulle part été reconnue dans tout le cours de l'histoire, sur tout l'espace du monde. Elle est la clarté et l'incendie.

La Déclaration des Droits de l'Homme et du Citoyen l'a formulée magnifiquement en cet article : « Tous les Français sont égaux devant la loi. »

Mais nos ancêtres n'ont pas réalisé la vérité démesurée qu'ils stipulaient. Ils ont supprimé certains privilèges. Ils n'ont pas supprimé le Privilège ; et l'inégalité dont les causes n'avaient pas été extirpées, s'est reconstituée toute. La royauté, la noblesse et l'église ont été dépossédées de leurs fabuleux droits séculaires, mais les riches se sont haussés à la place vide des nobles et ont bâti une oligarchie tout aussi inique, qui a fait la même alliance avec le Clergé et les pouvoirs. La bourgeoisie a singé la noblesse avec des moyens plus puissants, que le développement de l'industrie et de la spéculation lui ont donnés ; comme dans la fable de Victor Hugo, le singe vêtu de la peau du tigre devint plus féroce que le fauve dont la dépouille le déguisait.

C'est là une preuve de plus de cette vaste vérité tenace qu'on ne saurait trop répéter et qui jette une lueur sur l'énigme sociale : il ne faut jamais considérer une réforme isolément : elle est d'ordinaire paralysée si elle ne fait pas partie d'un tout cohérent, si on laisse subsister à côté d'elle d'autres abus. Cela est indéniable en théorie : les abus procèdent d'un même esprit d'erreur et de mensonge ; il n'y a pas de raison pour que la raison qui a pour but de les dénoncer, s'arrête, admette des limites au delà desquelles elle se tromperait : et, en fait, ce contre-sens amène des années et des siècles de stagnation ou de recul.

Les régimes républicains actuels ne sont, à cause de leur manque d'harmonie générale, de cohésion rationnelle, de profondeur, que des caricatures des anciens régimes, et le même système différemment étiqueté. Leur prestige spécieux illustre ce phénomène d'idolâtrie si répandu ici-bas : on révère et on sert une formule desséchée qui ne répond plus en rien à son originalité première. Le capital détient la puissance matérielle, la force armée, et aussi les moyens d'information et d'éducation, c'est-à-dire la puissance morale. Il dirige à son gré et dans le même mystère aristocratique que jadis, la politique intérieure et extérieure, exerce la même formidable pesée sur la libération égalitaire.

Les lois, comme les usages, sont faites par les riches et pour les riches. La classe dirigeante et possédante développe de force des dynasties de profiteurs et étouffe le prolétariat dans le prolétariat. Les carrières libérales aussi bien que les directions d'entreprises ne peuvent qu'exceptionnellement sortir d'une caste parasitaire. On n'achète plus toutes les charges et fonctions, mais on achète l'instruction qui permet de les acquérir. L'instruction primaire est gratuite, mais les nécessités pressantes de

l'existence empêchent souvent les pauvres de
profiter de ce minimum dérisoire. Il y a aussi
un prolétariat intellectuel et artistique. Le savant pauvre végète et se stérilise, à moins de
circonstances hasardeuses. Le jeune poète, le
jeune artiste pauvre, quelle que soit leur valeur, sont rejetés en principe en dehors de la
vie normale des cités, ce sont les parias errants
de la civilisation, assujettis à la férocité et au
bon plaisir des riches, et exposés à l'hostilité
des Instituts officiels rétrogrades. Il faut un
trop long héroïsme et trop de chance au talent pour s'imposer. Jusque dans le fonctionnement de la justice, l'inégalité sévit : les prolétaires sont exclus du jury dans la France ré-
publicaine. Les campagnes électorales exigent
des dépenses qui ne sont à la portée que des
privilégiés. L'égalité légale est odieusement
violée au détriment de la femme qui, dans nos
sociétés a été jusqu'ici réduite au rôle de servante, de poupée, ou, brutalement, de femelle.
Les quelques avantages conquis par la classe
des travailleurs manuels ont été arrachés petit
à petit, d'une manière incomplète, fragile, et
souvent apparente, par la coalition et la grève,
c'est-à-dire des manifestations révolutionnaires contre des lois oppressives.

Il suffit d'examiner quelque point de notre
régime républicain pour s'apercevoir combien

son camouflage tricolore est superficiellement peint, et comprendre que les monarchistes puissent dire avec dédain, en présence des résultats: « La voilà, la république ! » Ce jugement est, à proprement parler, de la vérité greffée sur du mensonge.

C'est que la division séculaire de la masse nationale en trois Etats : la Noblesse, le Clergé et le Tiers, était vague et en définitive illusoire, et la réforme n'a porté que sur ce qui s'érigeait trop visible et exorbitant. Il y a, entre les hommes formant société une différenciation beaucoup plus radicale et profonde, jusqu'où il faut aller anéantir les causes d'inégalité : Il y a deux espèces de citoyens : ceux qui travaillent et ceux qui profitent du travail des autres.

La loi de travail.

Toute la frémissante structure collective est, dans tous les sens, construite, animée et coordonnée par la production. Le travail est imposé à l'humanité par des nécessités inéluctables ; c'est presque une loi de la nature qu'il n'y a pas lieu de discuter. L'inégalité fondamentale de l'heure présente consiste à ce que cette dure loi féconde soit impartie à un certain nombre d'hommes et non à d'au tres. Le capital représente en principe le produit du travail ; il ne peut et ne doit être que cela. Il faut sauver cette grande vérité première, et recréer la réalité en conséquence.

Forts de l'exemple et du signal qu'a lancés la Révolution Française, et des cent trente années de malheurs immenses qui nous en séparent, nous voulons aller jusqu'au bout des principes et des idées, parce que cette loyauté est le secret de toute œuvre fertile. Nous disons : La loi d'égalité doit imposer le travail à tous les citoyens valides et à toutes les citoyennes valides, sans exception. Seul le travail — manuel, intellectuel, artistique — doit être rémunéré, et tout autre moyen d'acquérir l'argent doit être assimilé au vol et intégralement supprimé. Ces moyens artificiels et anti-sociaux sont, tout d'abord, l'héritage et la spéculation. Il est tout aussi absurde et immoral de gratifier un enfant d'une fortune qu'il n'a pas gagnée, que de le gratifier comme chez nous naguère et autour de nous aujourd'hui, d'une couronne, d'un titre d'altesse, d'un grade militaire ou d'une décoration. Quant à la spéculation, elle détourne les bénéfices d'argent, qui ne doivent résulter normalement et dans une mesure normale — que du travail réel, au profit d'opérations spéciales qui ressortissent du hasard, de situations acquises, d'interventions abusives, de pression. Le gain exagéré est une spéculation. Ce sont là des procédés de jeu, de falsification du travail créateur, et qui, tous, constituent au premier chef des spoliations vis-à-vis de la communauté. L'intérêt de l'argent, l'engraissement de la fortune par elle-même doit disparaître, puisque seule la production doit produire de l'argent.

Egalisation sociale des hommes et des femmes. Egalisation des enfants. Tous les enfants doivent affronter l'existence dans des conditions scolaires identiques. Le degré d'instruction qui a toujours été jusqu'ici une question d'argent, doit être une question de justice, et dépendre des seules aptitudes des élèves. Tous les enfants doivent entrer dans la même règle scolaire, en gravir les degrés ou se spécialiser, dans la mesure où ils en sont capables et non en proportion de la fortune de leurs parents. Le système égalitaire donnera seul la juste et progressive sélection et le rendement maximum des esprits. L'intervention dans la culture intellectuelle d'autres éléments que le mérite personnel, est anti-sociale et indécente. Cette méthode capitaliste a érigé l'incompétence en règle générale, et maintenu, sur la terre, tous les pauvres dans les ténèbres. Elle a fait avorter, par une prime

brutale qu'une caste donne aux siens, plus
d'intelligences, plus de vocations, plus de ta-
lents, plus de génies qu'on ne peut même se
l'imaginer, elle a fait spacieusement baisser le
niveau spirituel de l'humanité, et a exercé
dans les âmes un ravage aussi incalculable que
celui que la guerre a fait parmi les corps.
Quant aux programmes d'enseignement,
tout obstrués d'idolâtrie, de militarisme et
d'égoïsme national, ils sont à refaire selon la
seule conception du vrai et du bien.

La suppression des classes.

L'égalité exige l'établissement d'une classe
unique, celle des travailleurs. Ce qu'on appelle aujourd'hui, tantôt la guerre des classes,
tantôt la collaboration des classes, est le
maintien d'une dualité antagoniste dont un
élément est exploiteur et l'autre exploité.

Il ne s'agit pas d'ériger les parias en maîtres, et de réduire les maîtres en parias.
Rien de plus sophistique que cette argu-
mentation qu'on emploie couramment contre les systèmes démocratiques égalitaires :
« Vous voulez remplacer la tyrannie de l'aris-
tocratie par celle du nombre ; ce n'est qu'une
transposition de formule. » Mensonge gros-

sier. Il n'y a pas de tyrannie du nombre si la
loi est la même pour tous. Il n'y a de tyrannie
que d'une oligarchie et d'un principe arbitraire, il n'y a pas de tyrannie de la justice et
de l'égalité. Limiter les droits de quelques citoyens hypertrophiés, à ceux de tous, les
faire rentrer dans la règle commune, aux regards de quelle morale cela constitue-t-il un
asservissement et même une vengeance? La
contrainte légale n'a rien d'odieux lorsqu'elle
s'exerce clairement et sans lacunes, en vue
d'avantages publics limpides. Les réquisitoires
qu'on dirige contre la sainte loi d'égalité se
dissipent dans sa grandeur et sa sérénité.

La période pendant laquelle s'établira la loi
juste de collaboration non pas des classes,
mais de tous les travailleurs et de toutes les
compétences ; pendant laquelle les profiteurs
sociaux devront rendre des comptes et réinté-
grer leur place normale dans l'ensemble, la
période pendant laquelle une génération
d'hommes aura à reprendre au capitalisme la
supériorité intellectuelle et technique qu'il a
volée aux pauvres, sera une période de magnifique mise au point vivante, de sagesse et
d'équilibre naturel. Si elle devient une
guerre, ce sera par la volonté des partisans de
l'injustice et non par celle des justes, la dic-
tature que le prolétariat esclave aura le devoir

d'exercer en cette circonstance n'ayant pour
but que de forcer des ennemis de la raison,
des révoltés contre la justice, à rentrer dans
l'ordre.

Tous les moyens de production doivent être
socialisés ; la grande propriété foncière, les
usines et les machines doivent revenir à la
communauté (non à l'Etat, qui représente actuellement un organisme parasitaire) et di-
rigés par les travailleurs, disciplinés selon la
seule compétence technique.

Est-il nécessaire que l'égalitarisme aille
jusqu'au communisme absolu, c'est-à-dire à
la suppression presque totale de la propriété
privée? (1). Cela est douteux. Il y a deux
grands principes à adapter, à modeler l'un
dans l'autre : l'intérêt général sur la base de
l'égalité, et, d'autre part, un maximum d'autonomie de l'individu. L'intérêt général exige-
t-il que la faculté de posséder quelque chose
en propre soit retiré à l'individu? Exige-t-il la
péréquation des salaires, mesure quasi-chirur-
gicale qui semble devoir sans utilité manifeste atrophier l'épanouissement intellectuel
et l'ascension des volontés? L'intérêt général
en décidera. Mais qu'on ne s'y trompe

----

(1) Il est impossible de concevoir un état social
où la propriété soit totalement abolie, sans exceptions partielles d'aucune sorte.

pas : ce n'est plus là qu'une question secondaire, qui ne change pas le grand changement : Coupé par la suppression de la transmission héréditaire, élagué dans son développement par la suppression de toute espèce de spéculation, par la limitation stricte des bénéfices-salaires, le capital sera de toute façon désarmé dans les cadres d'une telle organisation. S'il était nécessaire d'aller plus loin, il faudrait s'y résoudre avec joie, car mieux vaudrait encore une société où tous seraient privés de satisfactions qui ne sont peut-être que des habitudes — que la monstrueuse société actuelle, qui fabrique de la mort avec du mensonge, et qui est, elle et elle seule, la guerre civile légalisée.

La représentation directe.

Tous les citoyens doivent, par des mandataires directs, participer à la direction des affaires publiques. « Cela existe, diront bien des gens, dans les régimes modernes, puisque le suffrage universel y fonctionne. » Mais une fois de plus, la raison répondra : « Non, cela n'existe pas. Cela existe en apparence, non en réalité » ; et, une fois de plus nous constaterons ici qu'une réforme mal basée, parce qu'insuffisamment profonde, rend des résultats contraires à l'esprit qui l'a dictée.

Examinons avec précision l'erreur type qui se présente ici : D'abord, dans presque toutes les constitutions modernes existe un Sénat ou une Chambre Haute, élue au suffrage restreint ou nommée au choix, et qui peut exercer une action négative absolue sur la législation, un *veto* sur toutes les initiatives. L'esprit conservateur et aristocratique de ces assemblées de notables âgés est partout le même et dresse partout une même barricade irréductible contre l'affranchissement des hommes.

L'autre moitié du pouvoir législatif, la Chambre des Députés, ne représente pas réellement le peuple qui la nomme. La durée excessive du mandat et l'irresponsabilité du mandataire vis-à-vis de l'électeur : le manque de contact et de contrôle, telles sont, parmi de multiples critiques, les deux critiques capitales qu'on peut adresser au système en vigueur dans tous les pays démocratiques. Composés d'hommes préoccupés de tactique électorale ou de tactique gouvernementale, pouvant difficilement échapper à la multiforme influence des pouvoirs et aux tentations des avantages personnels, les parlements actuels ne sont dans toute la durée de la législature que des organismes fonctionnant à l'écart du corps électoral, séparés de la nation, qu'une sorte de grand échafaudage indépendant.

Le pouvoir exécutif — président élu pour une longue période, aussi rééligible qu'irresponsable, qui n'a pas tout à fait l'inepte fixité d'un roi, mais qui en a les dangereux pouvoirs secrets, et ministère nommé par le président — offre d'une façon plus frappante encore, l'exemple d'un organisme conducteur détaché de l'âme et de la volonté de la nation, et d'où ne partent que des ordres. « L'orgueil et l'amour de la domination, a dit lumineusement Robespierre, seront toujours les maladies les plus dangereuses de tous les corps politiques qui ne sont pas la nation elle-même. »

Les ministres, disposant des honneurs, des places, des fonds secrets, de tous les moyens de pression et d'espionnage, impliqués dans des intrigues de cour et dans les intrigues mystérieuses des chancelleries, (ce monde fermé au milieu du monde), placés au centre des grandes combinaisons et des grands intérêts capitalistes, usant à leur gré des lois d'exception, de l'état de siège et de l'arme de « la défense nationale », ne risquant rien pour leurs erreurs ou leurs fautes ou leurs crimes — sinon d'être relégués dans la coulisse pendant un temps donné à la suite de quelque mouvement de palais, — les ministres font ce qu'ils veulent, et leur instabilité n'a guère pour résultat que de rendre leur tyrannie plus anonyme et plus insaisissable.

Nous en avons eu la preuve. Les gouvernements ont, entre eux, décidé la guerre, l'ont prolongée, ont stipulé les clauses de la paix, ont apporté l'appui national aux réactionnaires d'Europe, ont décidé la prolongation illégale des mandats législatifs, sans consulter les pays et en ne consultant les parlements d'ailleurs domestiqués, qu'après coup : après les avoir mis devant le fait accompli et la situation inéluctable.

Le système électoral, tel qu'il est établi dans la loi organique de la République russe impose à l'attention une méthode infiniment plus conforme aux besoins et aux intérêts des hommes. Chaque circonscription électorale, chaque cellule du territoire, correspondant à une commune rurale ou urbaine, nomme un représentant à raison de 1 par 100 électeurs dans les campagnes et les petites villes, de 1 par 1.000 électeurs dans les grandes villes. Ces assemblées ou conseils (soviets), constituent l'autorité suprême, très autonome, pour les intérêts purement locaux. Chacune des subdivisions territoriales grandissantes — cantons, districts, gouvernements, régions —

est administrée en ce qui concerne ses intérêts régionaux par un Congrès formé de représentants de tous les soviets locaux. Enfin, à la Russie tout entière correspond le Congrès pan-russe élu dans les mêmes conditions. Ces assemblées sortent donc les unes des autres, et, en se superposant, se mêlent et se tiennent comme des organes dans l'organisme, puisqu'elles émanent de la même cellule primordiale, et le Congrès pan-russe les exprime toutes aussi intimement et directement qu'il est possible.

Ce n'est pas tout. Le mandat du député est de trois mois. Ce <u>mandat est impératif</u> ; il est intermittent : le travailleur désigné va à l'assemblée comme il va à son travail et reçoit un salaire qui compense l'interruption du travail, il appuie par son intervention ou par sa voix la volonté de ses mandants, puis revient au milieu de ses compagnons électeurs. Il est responsable de ses actes, tenu d'en rendre compte chaque fois, et ses fonctions de délégué peuvent lui être retirées à n'importe quel moment.

La séparation des pouvoirs n'existe plus dans le régime des soviets qui sont à la fois organes légiférants et exécutifs. Le député soviétiste ne peut pas se désintéresser, comme les nôtres, de l'application des lois qu'il vote.

Il en est responsable, et doit veiller à leur exécution.

De ces principes nouveaux résulte une organisation politico-sociale de contrôle et de direction de l'ensemble, beaucoup plus riche que toutes celles qu'on a vues jusqu'ici, beaucoup plus souple, beaucoup plus étroitement et constamment ajustée au bien public. C'est dans la plus large mesure qu'on puisse concevoir, la participation de tous aux affaires, *et cette participation est un devoir que nous devons tous nous habituer à accomplir.* C'est une abondante et continue circulation d'activité, de la périphérie au centre. La grande vie commune ne stagne plus, elle n'est plus obstruée de parties amorties, isolées et stérilisées, elle marche comme un fleuve, et aucun abus de l'autorité centrale ne peut plus remonter jusqu'aux hommes. Elle se vivifie sans cesse aux sources de la vie individuelle, et purifie tout le mécanisme dirigeant d'une perpétuelle force de jeunesse. Il n'est que trop évident que si un tel système avait fonctionné partout, la guerre n'aurait pas décimé le monde.

La conception soviétique n'est pas restreinte à l'ordre politique. Elle pénètre tout, de toutes parts. Elle est le principe original et élémentaire, la belle pente naturelle qui

pousse autour de tous les services et de toutes
les entreprises — depuis l'enseignement public ou l'assistance jusqu'aux entreprises industrielles, commerciales, scientifiques, artistiques, — une direction collective formée des
intéressés et des compétents (1).

Si nous insistons, au milieu d'un exposé de
principes, sur la réalisation russe, comparée
à l'abstraite architecture surannée dite : démocratique, c'est qu'il est nécessaire de montrer par des exemples à ceux qui se butent
obstinément aux choses consacrées autour
d'eux et ne savent pas les dépasser du regard, que la raison, qui est l'apparition divine de la vérité à l'esprit, est aussi une puissance réelle ; qu'elle trouve, lorsqu'elle est
libre de s'exercer, des voies nouvelles et di-
rectes pour réaliser sa triomphante simplicité

---

(1) Il peut y avoir jusqu'à un certain point antagonisme entre les intéressés et les compétents. Cet
antagonisme doit disparaître avec les progrès de
l'instruction (aucun progrès ne va jamais seul).
Quoi qu'il en soit, méfions-nous du préjugé d'après
lequel il faut être une espèce de savant spécialiste
pour faire et appliquer des lois justes. Les plus
érudits économistes sont d'ordinaire les hommes qui
voient le plus mal les grands intérêts humains ; ce
sont surtout des virtuoses du détail. Et s'il est en
effet laborieux d'adapter des initiatives nouvelles à
la complexité de notre vieux réseau byzantin de
codes et d'institutions, c'est que cette complexité
est, en réalité, artificielle et barbare.

et édifier le monument temporel qui lui ressemble. La vérité est vivante, puisque c'est la vérité. Elle a une grâce plastique qui s'adapte à toutes les nécessités, les plus délicates et les plus frémissantes, de la vie.

Humanité contre Nation.

Les Révolutionnaires de 1789 avaient dit : « Tous les Français sont égaux ». Nous devons dire : « Tous les hommes ». L'égalité exige des lois communes pour tous les hommes qui peuplent le monde.

La spécialisation des hommes en nationalités arbitrairement dessinées sur la carte du monde au hasard des expéditions militaires et des contrats que les puissants ont dressés entre eux, nationalités qui ne coïncident même pas avec des unités de nature, de race, de langage, a pu être, à un moment donné, une étape du progrès. Son maintien est sauvage, inique et illogique.

L'idée nationale n'est pas une grande idée. Dans les périodes de tâtonnements historiques, il est possible qu'elle ait appelé les hommes à l'union et servi la cause de l'humanité, mais depuis longtemps elle est dépassée par celle-ci et la trahit. Si elle fut agrandissement, elle est maintenant rapetissement ; si elle fut amour, elle est maintenant haine. Comme toute l'armature du système social présent, c'est une idée artificielle maintenue à sa place par la violence, la légende et l'imposture. Elle a trop longtemps fait admettre la légitimité du brigandage, de la concurrence déloyale, magnifié le carnage, déformé étrangement la vérité et soumis la morale lumineuse à des questions de point de vue. L'infaillible raison nous commande de substituer l'idéal humain à l'idéal patriotique et l'internationalisme au nationalisme. Il y a, ici-bas, des individus, et il y a ensuite la société formée par tous ces individus. Jetons hardiment ce cri de bon sens : Tout fractionnement intermédiaire ne correspond pas à des différences valables, et est contraire à l'intérêt humain. Les intérêts nationaux ne répondent à rien de juste ni d'avouable, ils ne répondent qu'à ceux des gros capitalistes et des gros marchands — qui, d'ailleurs, à l'occasion, font litière du patriotisme quand il le faut, et pratiquent entre eux le supernationalisme. Bien plus manifestement, l'intérêt national apparaît dans leurs bouches, dans leurs mains, comme un prétexte et un épouvantail, comme une justification des dictatures intérieures et de l'étouffement disciplinaire, que, pour les besoins de leur cause, ils exercent sur le genre humain.

Il faut qu'ils puissent dire à certains moments, — écoutez-les aujourd'hui — : la patrie, c'est nous !

Le jour est venu d'envisager la société à la clarté internationale. Ainsi le veut la logique qui ne reconnaît pas le bien-fondé de l'impitoyable absolu national, et qui nous montre de tous les côtés que les grandes lois bienfaisantes ne sont pas viables partiellement.

Il faut que les hommes, devenus la multitude totale des travailleurs, obéissent à une même loi. Il faut dans l'univers, un seul pouvoir central — politique, économique, judiciaire — qui rayonne par-dessus la disparition de toutes les frontières temporelles. Les peuples ont besoin les uns des autres, part it et en tout. Il n'est pas une manifestation de l'activité que le contact universel ne féconde, n'enrichisse, n'agrandisse. Toutes les aspirations, tous les progrès, tendent à une harmonie sans bornes. C'est ainsi que s'organisera sur des assises normales l'agrandissement perfectionné de la production manuelle, mécanique et intelligente, et sa répartition mondiale, c'est-à-dire vraiment rationnelle. Toutes les obscurités se défont à ce rayonnement unique, à cette lumière solaire.

La cité future.

Ce changement où mène manifestement le recul graduel et continu de la barbarie capitaliste dans tous les pays du monde, malgré les vagues de réaction et de terreur qui prouvent seulement qu'elle est encore toute-puissante et qu'elle se débat, et qui est peut-être moins loin de s'effectuer qu'on pourrait le croire, n'apportera pas dans la face du monde le bouleversement visible que d'aucuns se figurent. Les poètes et les romanciers qui font des « anticipations » se travaillent l'imagination pour évoquer la grande cité future de justice, comme s'il s'agissait de surprendre par éclairs intuitifs, le sort des habitants d'une autre planète. Les modifications pittoresques et sensationnelles de la vie tiendront au progrès des sciences appliquées, à l'emploi innombrable et colossal de la machine, à la multiplication du rôle de la chimie, et non aux progrès sociaux et moraux, non plus qu'à un changement manifeste ou profond de l'individu lui-même.

L'équilibre, l'ordre et la paix n'entraînent pas avec eux des décors mystérieux et des formes étonnantes. Ce sont de grandes forces correctrices. Elles signifient la destruction de l'injustice, de l'anarchie et de la guerre, parce que si incrustés que soient ces fléaux dans l'humanité actuelle, ce sont des anomalies artificielles, sans base, des défis à la raison, soutenus par des moyens matériels.

Il est, de plus, certaines individualités collectives qu'il n'est pas facile, et, en tous cas, nullement souhaitable, de faire disparaître. De telles situations géographiques et naturelles, de telles similitudes de tempérament, d'esprit, de langage, sont nés des groupements normaux, des centres quasi-familiaux ; et ces foyers ont résisté aux secousses historiques. Ces individualités régionales, qui peuvent s'étendre dans certains cas, à tout un territoire national, présentent une valeur respectable. Leur spécialisation, leur séparatisme relatif n'est pas anti-social, à condition qu'il soit inoffensif, c'est-à-dire *qu'il ne s'étaie pas sur la force*.

L'esprit et le caractère des anciennes provinces, des anciennes régions, de même, l'esprit français, comme l'esprit slave ou anglo-saxon ou germanique, ont une *réalité* sentimentale, pittoresque, intime et artistique, infiniment précieuse qu'il convient de conserver et de cultiver, mais qui ne doit plus s'amalgamer comme autrefois et aujourd'hui, avec des intérêts concrets de suprématie et d'oppression.

La différence des langues coïncide jusqu'à un certain point avec ces particularismes spirituels. Bien qu'il soit nécessaire de corriger par l'emploi d'une langue universelle auxiliaire l'énorme séparation biblique que fait la confusion des langues (la seule différence enracinée qui soit entre les hommes), il ne faut pas songer à unifier, comme on unifiera la monnaie, cette diversité qui tient étroitement au développement de l'art. Si toutes les langues forment un jour un alliage dans le monde, ce qui est possible, ce ne sera pas par l'action extérieure et immédiate de lois politiques, mais par une longue douceur de contacts et d'échanges, par une formation commune qui demandera la patience de bien des siècles. Cette réforme-là dépasse le champ de notre vision présente. La distance où on peut la situer dans l'avenir lui ôte tout lien avec le changement urgent et positif qu'appelle la situation des hommes qui vivent encore.

Les vraies lois, qui doivent régir l'activité sociale, l'existence extérieure et publique, n'exigent pas que l'on forge, d'un pôle à l'autre, une seule et même espèce d'individus. Elles se prêtent à l'épanouissement individuel et au régionalisme *désarmés*.

La doctrine de la raison.

Tels sont les principes essentiels posés par l'honnêteté de la raison en face du Système qui, pour nourrir sa vie morbide, entretient l'inégalité entre les hommes, la loi de la brutalité entre les nations, et pousse l'humanité à la perdition.

Cet ordre nouveau est conforme au clair bon sens que chaque homme, comme une lampe, porte en soi. Il est conforme à l'intérêt général comme la lumière à la lumière. Il est conforme aux préceptes éternels de la morale : la morale n'est que la géométrie de l'intérêt général, et la conscience n'est que la vision adorable que chacun a de tous.

Son application amènera la fin des souffrances qui déchirent l'humanité depuis qu'elle est esclave des parvenus effrénés, c'est-à-dire depuis toujours. Un autre ordre de choses assurerait-il la même renaissance? Depuis que l'esprit humain se venge de ce qui est en créant ce qui doit être, l'idéal social des penseurs libres a toujours tendu plus ou moins, par sursauts, par illuminations, vers celui-là. Nous disons qu'il n'y en a pas d'autre. Il n'y a pas d'autre raison que la raison, il n'y a pas d'autre moyen de raisonner, que de raisonner droit.

D'une doctrine qui se réclame de la logique et de la science, de la pureté morale, du prix de la vie humaine, du concert de toutes les existences, il faut dire hardiment : Quels que soient les événements, elle s'imposera un jour.

Les sectateurs d'un dogmatisme suranné prétendent que nous sommes des croyants sans idéal, car ils ne s'imaginent l'idéal qu'avec une sorte de dorure surnaturelle. Rejetons cette erreur, et affirmons que la doctrine unique qui refait la règle universelle de haut en bas, à travers l'enchevêtrement compact des abus, est un sublime effort idéaliste. C'est une divine révolte de l'esprit humain qui, à lui seul, refuse le mal et corrige l'erreur. C'est la déclaration harmonieuse de la grandeur de l'homme. Aucune envolée d'ange n'est aussi grande que l'envergure dénudée de la raison. Aucune foi n'est aussi intime et caressante que celle qui embrasse le genre humain, met le bien de chacun dans celui de tous, et la vie dans la vie. N'en doutons pas, et trouvons en elle la toute-puissance matinale et la jeunesse du monde.

Elle n'est révolutionnaire que parce qu'elle est sage. Le contraste terrible qu'il y a entre la réalité et la vérité, c'est la réalité qui en porte la faute, non la vérité. La civilisation est devenue contraire aux hommes qui en sont les parties constitutives, et on ne peut pas faire aux puissar de menace plus retentissante que celle-ci : « Prenez garde au simple bon sens, si jamais il se déchaîne un jour ! » Qu'est-ce qui est le plus utopique : la raison irréalisée, ou l'aberration réalisée? Ce qui est logique est réalisable, ce par conséquent n'est jamais utopique. Répétons-le : ce qui est logique se fera, et cela seulement se fera.

Les deux faces de l'ignorance :
le culte de ce qui est consacré,
la haine de ce qui est nouveau.

Nous savons bien que la vérité sociale a présentement contre elle sa grandeur même. L'obstacle auquel elle se heurte, c'est moins l'énorme changement qu'elle dessine, car l'humanité peut faire ce qu'elle veut ici-bas, que le poids de l'ignorance humaine.

Si des théories aussi funestes que stupides se cramponnent sur la toute-puissance de la foule et ne se désagrègent que lentement (car elles se désagrègent, leur suprématie n'est qu'une question de temps et elles tomberont peut-être avant que le mal soit consommé), ce n'est pas seulement parce qu'elles disposent de l'argent et du pouvoir, de tous les moyens de contrainte, c'est à cause de l'incertitude où sont la plupart des hommes en ce qui concerne leurs vrais intérêts. Cette ignorance générale qui est une des conséquences de la lutte des classes et de l'affreuse victoire permanente de la classe possédante, est savamment entretenue.

Ignorance, cette opposition impérieuse, terrorisée, que la masse humaine a toujours accumulée contre le changement, l'hostilité instinctive à toute idée neuve, et le martyrologe des grands hommes, artistes, savants, réformateurs, en fait foi. Les esprits moyens, et ils sont la majorité des vivants à notre âge d'instruction fantaisiste, irrégulière et empoisonnée et de contrefaçon intellectuelle, ont l'épouvante de ce qui n'est pas établi, une confiance sourde, aveugle et muette en ce qui est. Le monde vivant a vécu ployé sous la sombre et écrasante chaîne de ces seuls mots : « La guerre a toujours été, donc elle sera toujours. »

Le vertige devant le nouveau, dont une habitude millénaire de la servitude a pétri les âmes, a été abondamment utilisé par la minorité autocratique. Elle en a fait un dogme. Elle s'est attachée à renforcer d'un prestige sacro-saint les situations de fait. Elle y a réussi. Le règne de la tradition nous étouffe,

dans la période du temps où nous passons.
La tradition transforme, par une sorte d'es-
camotage qui ne doit pas admettre la loyauté
sérieuse de la raison, un fait en principe.
Elle érige en entité un mot qui subsiste
même lorsqu'il est vidé de sens, l'idole des
idoles : l'Autorité. Obéir à ce qui commande, c'est un axiome qui suffit à beaucoup. « Consacré par l'usage »..., cette formule pauvre et imbécile, surtout dès qu'il
s'agit de lois primordiales, a rempli jusqu'ici
le vide des intelligences. La notion de « l'Ordre », dont les dirigeants sont les conservateurs, est tout le contraire de l'ordre ; elle
est, expressément, l'incohérence et l'anarchie. Les hommes, pourtant, se laissent persuader en tas que c'est la vieille digue éternelle contre l'incohérence et l'anarchie.

« Vous n'êtes pas des réalistes parce que
vous ne tenez pas compte de la réalité ac-
quise », nous disent des adversaires. Comment et pourquoi la réalité serait-elle respectable en elle-même? Comment et pourquoi le
fait d'avoir duré lui conférerait-il une force
autre que la force négative que lui laissent
l'inertie et la veulerie générales? Avant que
l'esclavage antique, le servage, la torture, les
privilèges inouïs des grands, l'absolutisme fantastique des monarques, fussent abolis, ces

monstrueux abus constituaient des vérités de fait. L'esprit de tradition a entretenu pendant des siècles sans discussion le despotisme de la folie et du néant et entretient encore cette étrange domination capitaliste, qui est la faiblesse primant à la fois la force et le droit. Même si la tradition correspond à une vérité, il ne faut pas l'accepter sans contrôle : *il faut la refaire.* Il n'y a pas une vérité pour la théorie et une vérité pour la pratique, a dit Platon.

La hardiesse de la vérité.

Ayons la hardiesse de la vérité, ayons le tranquille courage de brûler, lorsqu'il le faut, ce que nous avons adoré. C'est là notre génie de choses pensantes. Commençons par ne plus courber la tête devant les fétiches.

Les drapeaux nationaux, avec les différences ridicules de leurs bigarrures, ont flotté pendant toute la durée de l'histoire les uns contre les autres, sur des foules de massacreurs, sur des générations de cadavres, sur des immensités de ruines et de cimetières. Ils symbolisent l'idée de patrie non dans sa forme pure et filiale, qui n'a pas besoin d'enseignes, mais dans sa forme agressive et vorace. C'est grâce à eux que les intérêts séparatistes et

fraternellement concurrents des classes dirigeantes nationales, ont pu sévir jusqu'ici
non seulement avec impunité, mais avec
gloire. Ce ne sont que les étiquettes voyantes
destinées à faire croire, contre le sens commun, que les troupeaux humains diffèrent les
uns des autres et sont faits pour se déchirer.
Les mots qui sont inscrits en lettres d'or sur
ces drapeaux-là et dont on apprend la vénération aux enfants des esclaves, sont les noms
des grandes tueries historiques. Ils sanctifient
la rapine, l'exaction et le meurtre, ils sont
les idoles plates de ces choses. Un homme
bon, un homme sain, un homme raisonnable
ne doit pas saluer les drapeaux.

La drapeau rouge sur lequel se jettent les
meutes policières et les spadassins des Puissants, signifie la fraternité organisée des
hommes et la haine de la haine. Les drapeaux rouges que les peuples prendront dans
leurs mains les uns après les autres, s'ils veulent se survivre longtemps, se ressemblent
comme se ressemblent tous les peuples et
comme se ressemblent tous les hommes. Il
y a d'innombrables drapeaux multicolores
comme il y a d'innombrables intérêts d'affaires qui se heurtent ; il n'y a qu'un drapeau
rouge, comme il n'y a qu'une espèce de sang
humain, qu'une justice et qu'une vérité.

La rébellion iconoclaste d'un Polyeucte — que la conscience universelle fait maintenant sienne sans réserve — est comparable à celle des hommes qui ont mis en accusation l'idée factice, néfaste et contagieuse, de la patrie armée. On finira par le comprendre. Si les papiers où quelques-uns des hommes d'aujourd'hui inscrivent leur pensée, surnagent tant soit peu dans la suite des temps, il arrivera un moment où l'on s'émerveillera que de tels principes aient eu besoin d'être dégagés et défendus.

Voir loin c'est voir juste.

Ignorance aussi, cette courte vue qui fait que la plupart des hommes ne sont guère sensibles qu'aux choses présentes, immédiates, locales, et ne croient que ce qu'ils touchent, comme de pauvres saints. C'est cette basse faiblesse de l'esprit public qui lui interdit de remonter spontanément aux causes, de s'élargir jusqu'aux ensembles, d'embrasser des explications adéquates et, ce qui est la même chose, des solutions efficaces. Les conséquences en pullulent autour de nous, bornent les croyances, mutilent les initiatives. Par exemple, beaucoup de gens sincères attribuent exclusivement la guerre de 1914 à l'agression de l'Allemagne. Il est évident, pourtant, que quand bien même l'attitude de l'Allemagne aurait été en juillet 1914 la cause déterminante de la guerre, celle-ci était fatale alors, comme elle sera encore fatale demain, par la seule surenchère des armements, le seul débordement des militarismes impatients, des appétits des profiteurs, les traités de commerce à l'affût, les lois de protection et les débouchés commerciaux qu'on bouche, puis qu'on ouvre à coups de canon, sous des régimes gouvernementaux irresponsables qui déclanchent et arrêtent, sans contrôle, la machine militaire — c'est-à-dire par la seule formule sociale. Méconnaître cet élargissement de la tragédie de la guerre, c'est se condamner vis-à-vis d'elle à la paralysie — et au cauchemar sans fin.

Ignorance aussi, pesante et meurtrière, ignorance par petitesse, cette contradiction lamentable qui s'accroche dans vos pensées, dans vos instincts et dans vos actes, vous qui pouvez tout ! Vous dites : guerre à la guerre ! et pourtant vous vous rendez en masse aux cérémonies militaires qui mettent un vaste uniforme frissonnant aux places publiques, et vous consacrez le fétichisme du panache avec votre immensité en fête. Prolétaires de la lutte pour la vie, qui avez été et qui serez les prolétaires des massacres, producteurs de la paix, producteurs de la guerre, quand vous vous pressez aux retraites militaires et aux revues, les yeux colorés d'un reflet mauvais, quand vous déguisez vos enfants en soldats, quand vous leur donnez un petit fusil qui grandira comme eux, et une idée du courage et de la vertu qui restera naine, pourquoi ne comprenez-vous pas ce que vous préparez ?

Pourquoi oubliez-vous si vite, anciens combattants, et laissez-vous diminuer cruellement en vous le souvenir du mal que vous avez fait et de celui que vous avez subi ! Et vous, bonnes volontés éparses dans la moyenne des esprits et des cœurs, qui n'approuvez pas en principe la guerre, pourquoi bornez-vous l'imagination de votre conscience à exalter quelques actes de courage, qui vous consolent, ou à admirer la Croix-Rouge qui, avec du dévouement et des millions, s'attache à soigner la guerre ! Cette face suave et quasi-religieuse du carnage satisfait votre idéal mutilé, elle donne à la débauche de la tuerie une auréole de moralité qui vous suffit plus que vous ne le croyez vous-même, et qui consolide par vous l'idée de la guerre. Combien d'entre vous consentent à reconnaître que cette organisation parasite de la guerre infâme n'est qu'un effrayant et honteux pis-aller ! Vous aussi, qui êtes dans l'abîme, vous êtes attirés par le premier reflet qui passe, et vous ne voyez pas, en haut, ce qui est clair comme le jour.

La myopie de la masse des hommes empêche le progrès de leur condition puisque tout progrès doit, sous peine d'être éphémère, être général et profond, et attaquer le mal dans ses origines. La classe capitaliste internationale le sait, et elle exploite cette misère de l'esprit comme elle exploite tout.

La propagande coalisée des grands Journaux et des grandes Associations — qui font de profitables placements de fonds en consacrant des millions à la sauvegarde de l'ordre actuel — cette officielle et officieuse propagande prend soin de ne jamais faire connaître aux masses qu'un côté des questions. Gustave Dupin, au début de son admirable *Guerre Infernale*, dénonce, après Balzac, cet unilatéralisme organisé comme une des causes des grands cataclysmes volontaires. L'ignorance publique, sous tous les méridiens, accepte ces baroques moitiés d'informations.

On l'abuse presque toujours avec des détails. Le procédé est bien connu des avocats retors : on grossit le détail, on y fait dévier tout le débat, et pourtant, ce n'est qu'un détail. Au reste, ce détail est souvent faux. Peu importe : le procédé fonctionne aussi bien : Quand des pillages furent commis à Moscou par des anarchistes anti-bolchevistes, on a imprimé : « Des bolcheviks ont pillé... », et *toute la cause* du bolchevisme en a été définitivement jugée par les journalistes et par les lecteurs serviles. Il y a trop d'exemples de cette honteuse absurdité double.

Ignorants et sots ceux qui, ayant vu une fois une ouvrière mise avec coquetterie, en concluent que les prolétaires vivent dans l'aisance — alors qu'il y a à Paris seulement 183.000 personnes entassées dans 26.000 chambres garnies. Ignorants et sots, ceux qui accusent les grèves d'être les causes du malaise social, alors qu'elles n'en sont que les conséquences ; ceux qui laissent détourner toute leur attention par des questions de personnalités ; ceux qui jugent une grande réforme nouvelle comme si toutes choses autour d'elle devaient rester ce qu'elles sont actuellement...

Ignorance !... Avec quel acharnement, quelle ingéniosité renouvelée sous cent formes diverses, la coalition réactionnaire s'attache à amener les travailleurs à se cantonner dans les questions professionnelles, qu'on leur représente comme seules réalités sérieuses et pratiques, et à les détourner de « faire de la politique » ! La raison en est bien simple, pauvres gens : faire de la politique, c'est sortir des revendications fractionnées, c'est unir les besoins en doctrines, les généraliser en programmes d'ensemble, c'est les garantir, les encadrer d'autres mesures nécessaires, c'est entrer dans le domaine de la grande réalisation. Cela, les dirigeants, qui se réservent la politique, ne le veulent pas. Ils prétendent instrumenter en dehors des multitudes, les grands procès des multitudes. C'est pourquoi on s'efforce de tracer à vos yeux, entre l'action politique et l'action économique, *une démarcation qui, à notre époque trouble et mouvante, n'existe pas.* Pour vous dissuader de vous occuper de la conduite des choses, on vous emprisonne dans vos petits détails corporatifs, dans vos petits coins personnels, dans votre misère. En réalité, cette objurgation de ne pas faire de politique signifie : ne pas toucher à celle qui fonctionne. La classe ouvrière se laisse faire, grâce à sa paresse de réfléchir et de généraliser, et à cette hypnose bornée de l'avantage immédiat — en attendant que quelque initiative politique, venue d'en haut, mette en péril la totalité de ses avantages immédiats, de ses conquêtes et de ses droits professionnels, ou bien que la guerre — mesure politique s'il en fut — vienne saccager d'un seul coup les créatures et les rêves, et peupler les décombres avec les cadavres (1).

Un fait isolé s'impose plus fortement qu'une idée générale à un public arriéré ou demi-cultivé, et d'autant plus fortement qu'il est plus proche et plus concret. Certes, on le jette plus facilement en proie à l'attention, à la discussion, qu'une théorie. Mais, contrairement à l'apparence, c'est le fait isolé qui est vague et abstrait ; c'est l'idée — qui embrasse les faits proches et lointains et en tire une affirmation supérieure — qui est positive. Un fait concret, séparé de l'idée, c'est-à-dire de cette grandeur dynastique qui relie l'acte à l'ample succession des effets et des causes, a si peu de valeur intrinsèque que certains d'entre eux : les « atrocités » de la guerre, par exemple, servent indifféremment d'arguments aux nationalistes ou aux internationalistes.

Cette conception atrophiée du réalisme intoxique la mentalité publique, et c'est ainsi que le peuple livre son âme à ses exploiteurs et est prêt à se laisser captiver par l'opportu-

---

(1) Lorsqu'on décide, comme en Russie, que l'ossature de la République sera non politique mais économique, on prend là une décision politique. Faire de la politique, c'est faire quelque chose.

nisme — la myopie érigée en système — qui dirige puérilement sa puérilité. Si on ne tient pas les causes des choses, on n'est plus maître des choses, et l'on n'a plus qu'à attendre avec une vile résignation, que les changements se fassent tout seuls, ou par la volonté des autres — jusqu'à ce qu'une fatalité dramatique vienne du dehors frapper aux portes inertes, et qu'on crie : Il n'est plus temps !

La raison ne s'arrête jamais d'avoir raison. Les hommes s'arrêtent toujours. C'est pourquoi ils se trompent jusqu'à la souffrance, jusqu'à la folie, jusqu'au suicide.

Les incomplets.

Bien des théoriciens et des hommes de pensée, qui ont surajouté à leur esprit le luxe de quelques connaissances spéciales, portent les mêmes tares de l'ignorance. Combien en célébre-t-on, de ces esprits éminents, qui admettent des principes nettement contradictoires, faute d'en avoir approfondi les conséquences, ou bien se tiennent farouchement à l'écart d'idées dont la réalisation est cependant la condition indispensable de celles qu'ils préconisent !

Il faut réduire à sa piètre valeur la célèbre légende du « libéralisme » bourgeois — qui est en réalité incapable de se hausser jusqu'au réalisme des solutions d'ensemble et d'avenir. Beaucoup de ces hommes qu'on révère pour la prétendue largeur de leurs idées, ne sont que des exemples pompeux d'inintelligence. Il y a par centaines, des « pacifistes » qui réprouvent sincèrement, loyalement, la Guerre ; mais pour rendre la guerre impossible, il faut réaliser dans l'univers un certain nombre d'innovations que beaucoup de pacifistes les mieux intentionnés et les plus généreux ne sont même pas capables d'envisager.

On n'a pas à moitié raison, et celui qui ne comprend pas l'ensemble, ne comprend rien.

L'histoire de la Société des Nations a apporté à ces axiomes élémentaires une confirmation dont la leçon ne devrait pourtant pas être perdue. En elle-même, l'idée de la Société des Nations peut paraître à bon droit très noble. Mais que peut valoir une institution de ce genre aux mains des gouvernements dictatoriaux et au milieu du maquis des institutions capitalistes régnantes ? Si on la soumet à un examen honnête, partie par partie, on s'aperçoit sans peine que dès lors qu'elle n'entraîne pas la suppression de toutes les barrières commerciales et militaires, de toutes les oppressions autocratiques avec leurs sinistres et secrètes fantaisies, c'est-à-dire une perturbation équivalant à celle que réclame l'Internationale populaire — et que le principal but des gouvernements participants est de combattre — elle n'est que le titre d'une grande idée. Elle est pire que cela : elle est une parodie hypocrite de libéralisme qui donne le change à l'opinion, brouille la vérité, et cache la continuation du mal sous le mensonge du bien (1).

En France et en Angleterre, des hommes distingués, voire illustres, s'attachent à montrer les erreurs du protectionnisme et les avantages du libre-échange. Ces hommes apportent à la juste critique du protectionnisme les arguments les plus sagaces et les plus probants. Mais ils ne comprennent pas que la réforme capitale pour laquelle ils plaident ne peut trouver place, autrement que d'une façon locale et momentanée, dans le système qui dirige aujourd'hui le monde entier selon un principe diamétralement con-

---

(1) Dans la campagne qui a été entreprise aux Etats-Unis au sujet de la Société des Nations, le parti « démocrate » qui la défend, a fait valoir principalement cet argument : « La Société des Nations est un rempart contre le socialisme », en d'autres termes, la consolidation universelle du capitalisme. Cet aveu, qui ne nous a rien révélé est à lui seul un éloquent plaidoyer.

traire : celui de l'enrichissement individuel et du droit du plus fort, et qui est à proprement parler le protectionnisme étendu à la
totalité des institutions. Si par un accord in-
vraisemblable, les puissances abolissaient —
je dis : abolissaient pleinement — le protectionnisme aujourd'hui, celui-ci renaîtrait demain. Il s'imposera ici ou là, au gré des cu-
pidités déchaînées, tant qu'un système har-
monique n'étendra pas universellement le
principe d'égalité au commerce. Ce système
serait seul d'ailleurs susceptible de créer les
organismes centraux répartissant la production
non plus selon les convoitises particulières des
marchands, mais selon l'intérêt général des
hommes.

Or, les ligues du Libre-Echange sont
ou bien quasi-réactionnaires, comme celle de
M. Yves Guyot, ou bien professent pour les
théories politiques une indifférence qui est de
l'incompréhension et de la superficialité, ou
tout au moins un manque étrange d'esprit positif. Ces médecins spécialistes se font gloire
d'ignorer la médecine générale.

Toute l'incapacité et l'impuissance des
faux libéraux, des demi-clairvoyants, se ré-
sument dans la figure du Président Wilson.
Wilson à un moment donné, a fait entendre
des déclarations sociales dont la clarté tou-

chait au sublime. Il a dit que la lutte était ouverte dans le monde entier entre la démocratie et l'autocratie, que les gouvernements devaient être les serviteurs des peuples, et non les peuples, des gouvernements ; que les peuples avaient le droit de disposer d'eux-mêmes ; que le commerce et les mers devaient être libres ; il a dit surtout qu'il fallait placer l'intérêt général au-dessus de l'intérêt national. Révolutionnaires, intransigeants, rationalistes, nous avons tous salué avec émotion ces grandes paroles lorsqu'elles ont retenti sur le monde.

Depuis, Wilson s'est fait le complice des auteurs du traité de Versailles, qui réalise la négation systématique des principes wilsoniens. Wilson a-t-il évolué, a-t-il été ébloui et paralysé par les traités secrets qu'on lui a révélés inopinément, pêle-mêle, à ce moment-là ? A-t-il cru politique d'essayer de sauver l'apparence, au lieu de protester hautement et péremptoirement comme il aurait pu et dû le faire, à la face du monde, devant la duplicité de l'Entente ?

Non, la vérité n'est pas là. *Wilson n'a jamais compris ce qu'il avait dit.* Il n'a jamais attaché à ses déclarations le sens total et splendide que nous leur donnions. Il n'a jamais réfléchi à tout ce que comportait de destruction et de reconstruction dans l'univers l'application intégrale de pareilles propositions et il a tout naturellement admis que les hauts commandements moraux et sociaux qu'il récitait, fussent traduits par des demi-mesures qui les annihilent ouvertement ou sournoisement. En vérité, était-il digne de l'insulte que voulut lui faire Clemenceau lorsqu'il parla de sa noble candeur?

Certes, nous faisions la différence entre certaines personnalités auxquelles la droiture de leur âme permet parfois, sinon de dégager, du moins de discerner par hasard l'auguste vérité, et d'entrevoir le faîte du monument futur, même si les palais de fées qu'ils se plaisent à décrire ne peuvent pas être bâtis dans la réalité ambiante — qu'ils prétendent maintenir comme les autres. Nous faisons la différence entre eux et les Winston Churchill et les Pichon, qui sont de vulgaires gredins. Mais l'incomplète conception des premiers est affreusement stérile. L'ignorance et la tradition barrent leur réflexion avec leurs vieilles bornes. Ils veulent la fin et non les moyens. Ils ne voient par-ci, par-là, qu'un bout de l'idéal. Peut-être se figurent-ils qu'on le créera ainsi morceau sur morceau, qu'on établira détail par détail l'ordre naturel sur le chaos anarchique actuel. Cela est insensé.

Chacune de ces bonnes intentions s'éteint à mesure ou se transforme, dans les couches de la vieille société anti-humaine et ténébreuse. Ce sont des utopistes, ce sont surtout des esprits secondaires, parés publiquement d'une grandeur usurpée. Il n'est pas surprenant que dès qu'il ne s'agit plus de vagues aspirations, mais de réalisation sérieuse, dès qu'il s'agit de poser la première pierre, tout leur libéralisme retourne au néant.

Nous, les rêveurs, les raisonneurs, les extrémistes, nous sommes plus pratiques et plus sages que ces prototypes de la sagesse, plus dignes que ces faux prophètes qui montrent aux hommes la Terre Promise, et non les chemins qui y mèneraient. La conception la plus parfaitement idéaliste est, par cela même, la plus réaliste, parce que complète et harmonieuse, sans lacune et sans confusion, parce que c'est un ensemble, parce que c'est un système. Tous les abus s'appellent et se nécessitent. Il en est de même des progrès. Un ordre de choses juste a des conséquences précises et délimitées en tout. Il est difficile, mais simple, de recommencer l'organisation sociale faussée, il est d'une complexité surhumaine de la perfectionner.

Nous le proclamons avec certitude et avec orgueil : Nous donnons leur plein sens aux mots, et c'est pourquoi, en employant parfois les mêmes expressions que d'autres, nous ne parlons pas le même langage. Pour nous, la Société des Nations, c'est l'union des peuples intégrale, complète, en superficie et en profondeur. Pour nous, le droit des peuples à disposer d'eux-mêmes, ce n'est pas le droit de changer de maîtres, mais celui d'être libres. Pour nous, le libre-échange est un mot énorme et pur comme celui de la paix, c'est un des rayons de la clarté égalitaire, c'est l'interdiction de faire intervenir une pression extérieure individuelle dans les transactions des hommes. Pour nous, la démocratie, c'est la souveraineté effective de tous les prolétariats du monde ou plutôt de tout le prolétariat du monde.

Pour nous, le socialisme constitue jusqu'ici l'expression la plus adéquate, la plus lucide et la plus coordonnée des principes républicains, à cause du sens du mot République. C'est la clarification de la raison et non une gloriole de surenchère qui pousse sans cesse et de plus en plus les esprits libres et créateurs vers la gauche. Les différences qui se marquent entre les fractions républicaines sincères, apparaissent à ceux qui consentent à juger de haut les programmes, résulter surtout de la dose plus ou moins grande qu'elles contiennent, de brume, de timidité et d'inertie. Ce qui n'est pas socialiste n'est plus républicain.

Donner leur sens aux mots, pousser les principes à leurs conséquences et à leurs fins logiques et invincibles, cela suffit à assurer à la réunion de quelques vérités primordiales qu'aucun contemporain n'a la prétention d'avoir découvertes, l'importance d'un évangile nouveau. Je le disais aux hommes et aux femmes venus pour commémorer autour de moi la mémoire d'Emile Zola, qui fut un grand poète et un homme : La grandeur morale, ce n'est pas de savoir ce que les autres ne savent pas, c'est — car il y a une vertu de l'intelligence — de comprendre ce que l'on sait et de vouloir ce que l'on veut.

Il n'y a que deux partis : l'extrême-gauche et la droite.

A cette précise lumière fondamentale, nous voyons qu'il n'y a que deux partis en présence dans la bataille sociale et politique (et nous n'avons pas attendu pour le proclamer que des agitations comme celle de la dernière période électorale française, aient montré à nu les grandes lignes de cette démarcation et apporté une confirmation de plus à l'évidence) : les vrais novateurs, d'un côté, et, de l'autre, tous les conservateurs. Le parti du changement, et celui du maintien des choses avec ou sans les apparences trompeuses du changement incomplet. Les socialistes extrémistes, et tous leurs adversaires. Une minorité cohérente, contre une majorité de nuances diverses qu'une seule tendance unifie tant bien que mal : l'opposition à la minorité active.

Qu'on comprenne bien la situation respective de ces deux masses militantes. Indépendamment de la disproportion des effectifs et des ressources, elles ne luttent pas à armes égales dans leur tâche de propagande vis-à-vis de l'immense multitude indécise. Maintenir est beaucoup plus commode que de changer, se cramponner à la réalité et y demeurer installé est incomparablement plus facile que de réaliser des idées. L'un des deux partis a besoin d'audace, l'autre n'a besoin que de passivité. Les hésitants, les évolutionnistes, les réformistes, quels qu'ils soient ou qu'ils croient être, doivent tous, répétons-le en toute sincérité et lucidité, être considérés comme l'élément le plus dangereux du bloc conservateur. Le principe creux de la collaboration des classes (lorsqu'il ne doit s'agir que de leur unification), de l'opportunisme (lorsqu'il s'agit d'édifier un statut auquel les régimes actuels ne permettent pas de s'enraciner) est, pour les novateurs, une somptueuse duperie en théorie et en action. Le vrai désarmement des classes ne se fera pas petit à petit, pas plus que le désarmement des nations, cela tombe sous le sens : tous les grands mouvements d'opinion le confirment, tous les faits historiques le montrent. Encore une fois : lorsqu'il il y a alliance et union entre les deux principes contraires, l'inertie conservatrice absorbe peu à peu la volonté réformatrice et l'élimine — et c'est ainsi que le genre humain, bercé de promesses évanouissantes, piétine dans l'injustice et le malheur, et y piétinerait indéfiniment, si les conjonctures ne fondaient enfin sur lui avec leur formidable mise en demeure.

III. ~ CLARTÉ

Le groupe « Clarté » s'est assigné pour but d'organiser la lutte contre l'ignorance et ceux qui la dirigent comme une industrie.

Il n'est né d'aucune influence politique ni nationale. Il est indépendant et international, il est sincèrement et hautement humain.

Il est venu dire à tous : Nul ne doit dans la tragédie des jours présents, se désintéresser de la vie sociale, de la chose publique. Chacun doit apporter son effort à tous, par honnêteté d'esprit et de cœur, et par intérêt personnel, — et le faire avec un esprit hardi et pur, insatiable et volontaire.

Il est venu dire : Voici la société actuelle, avec son mécanisme et ses figures ; voici ce qu'elle a fait, ce qu'elle fera, si on la laisse faire ; voici ce qu'elle a tué et ce qu'elle tuera, et voici pourquoi elle a toujours agi et agira toujours de la sorte.

Il est venu dire : Il y a une doctrine de salut, qui est la doctrine simple et claire de raison et de morale. Elle se réclame de vérités

éternelles. Elle montre les seules bases fermes
de la vie commune. A la conception capitaliste, qui est homogène et intégrale, elle apporte une opposition intégrale. Elle va aux
causes et aux origines et commence par le
commencement. Voici les grandes lignes im-
peccables et révoltées de l'ordre vrai ; puis,
en voici toutes les conséquences en tous
les sens, les données précises de l'organisation rationnelle dans toutes les ramifica-
tions de l'activité humaine. Croyez à cette
croyance, pour qu'elle vive un jour.

Il faut d'abord croire à la vérité ; s'élever
jusqu'à elle parmi les préjugés, les traditions,
les légendes, dont les oppresseurs des hommes
ont formidablement enveloppé et consolidé
leur oppression, à travers ce blocus de la
pensée resserré dans tous les cercles nationaux par le capitalisme empereur. Il faut
que les intelligences, pleines de paresse et
d'ombre, se déshabituent, nous dirons même :
se désaffectionnent, du mal.

Une grande partie des créatures, qui ne
sont ni vraiment méchantes, ni vraiment
bonnes, savent qu'elles souffrent et elles savent confusément, au fond d'elles-mêmes, au
loin, que la société doit être mal faite, mais
elles murmurent : « Vous ne changerez rien
avec des paroles. » Nous prétendons, au con-

traire, tout changer avec des paroles et des pensées — précisément parce que ceux qui croient ainsi à l'idéal sans croire à sa puissance sont les plus nombreux parmi les vivants, et lui donneraient la force, s'ils voulaient. Pour que l'ordre de choses monstrueux disparaisse, il faut d'abord qu'il soit considéré face à face, c'est-à-dire expressément condamné par la pensée de tous, ou de presque tous. Pour que l'ordre nouveau — car la grande misère humaine oblige d'appeler nouveau ce qui est éternel — règne dans le chaos, il faut qu'il règne dans les têtes. Le changement universel qui s'impose sous peine de mort dans les affaires humaines, exige une compréhension universelle ; il exige qu'on rectifie les consciences jusqu'à leur faire superbement admettre que dans presque tous les cas, sinon dans tous, les principes directeurs et les croyances sociales doivent être le contraire de ce qu'elles sont. La mission de ceux qui savent est de réveiller la raison abêtie ou affolée, d'animer l'ignorance comme d'autres animent la matière, et la vérité se changera en foule, et s'accomplira.

Comme les choses découlent irrésistiblement les unes des autres, l'organisation méticuleuse sortira d'elle-même de ces sources renouvelées, mais ne sortira que de là. C'est pourquoi il est indispensable de poser dès l'abord l'idéal social dans toute sa grandeur destructrice et rénovatrice, avec toutes ses perspectives et jusqu'à ses horizons. Un idéal incomplet n'est qu'un rêve nébuleux. Créons un état d'esprit ou si l'on veut, un état de foi, et dressons ensuite contre l'internationale de la barbarie, l'internationale de la pensée droite, avec toutes les précisions qui la rattachent à la vie et la rendent *prête*.

Nous le répétons, parce que c'est la vérité : Si la victoire de la raison est nécessaire et urgente, elle n'apparaît pas nécessairement comme une œuvre de violence. L'emploi de la violence dépend des décisions de la classe illicitement privilégiée ; c'est elle qui en porterait toute la responsabilité, et non ceux qui se lèvent pour dire que la société universelle doit être refaite selon la justice.

Cet avènement solennel de la justice, que nous voulons nommer jusqu'au bout de son nom rationnel, tranquille et pacifique : le changement, nous y travaillons, nous le préparons, en dénonçant ceux qui trompent et en convertissant ceux qui se trompent. Nous l'éclairons, nous l'enrichissons d'avance, pour que, quel que soit le moment où il s'accomplira, il s'accomplisse plus puissamment et mieux.

Sans doute un changement radical et même durable peut être amené par le coup de force d'une petite minorité. Comme tout ce qui est hasardeux, cela peut réussir. Nous nous rendons compte de l'entrave formelle et haïssable apportée au progrès par les constitutions actuelles ; nous savons combien les exactions et l'arrogance despotique des puissants aiguillonnent le désespoir du peuple, combien la vie qu'on lui a forgée l'accule à la révolte ; nous savons que les classes possédantes et dirigeantes ne luttent pas avec des arguments : elles luttent soit avec des mensonges, soit avec des armes ; nous savons que la contre-révolution, qui appelle la révolution, a déjà commencé de toutes parts ; et nous savons enfin que nous sommes tous assiégés par de suprêmes catastrophes économiques. Néanmoins le devoir de ceux qui comprennent n'est pas de tabler sur des accidents formidables, mais de faire, méthodiquement et continûment, et quelle que soit l'heure choisie par le peuple, la révolution dans les esprits.

« Le premier travail est l'éducation des masses », disait Rosa Luxembourg au Congrès spartakiste qui décida pourtant malgré elle et malgré Liebknecht la révolution immédiate. Le socialiste bavarois Léwine disait la même chose dans la déclaration qu'il voulut faire la veille de son exécution, la nuit où les minutes lui étaient comptées, et par-dessus toutes les voix, le silence sanglant de ces êtres d'élite nous répète ce qu'ils ont dit.

Les militants ne sont qu'une troupe en avant d'une immense multitude, qui est la Toute-Puissance, et qui est incertaine, et que l'ignorance peut rendre malfaisante. L'ignorance est un gouffre qui guette la beauté des apôtres. Liebknecht a été tué par le peuple allemand.

Défenseurs de l'humanité saignante contre le capitalisme sanglant, vous n'êtes pas assez nombreux. Je sais bien les miracles que peut faire la résolution, mais malgré les choses exceptionnelles, vous n'êtes pas assez nombreux — et il est absurde, il est fou que vous ne soyez pas les plus nombreux.

Notre œuvre qui consiste à donner, dans les masses, corps à l'idée, ainsi qu'à maintenir cette idée au-dessus des déformations et des compromissions, c'est-à-dire à l'unifier et à la multiplier à la fois, est une œuvre positive et par conséquent calme, d'enseignement. Si nous ne savons pas encore exprimer la vérité avec la sérénité suffisante, à cause de l'horreur ambiante, à cause de l'effort que nous avons à faire pour la soulever et la montrer aux yeux au-dessus d'un monde abject où fleurit l'impunité de tous les crimes, nous en demandons pardon à l'imperturbable raison.

L'organisation de « Clarté ».

La première démarche de « Clarté » a été de commencer à établir les cadres de son action universelle de guerre à l'ignorance, en réunissant en une ligue fraternelle les hommes qui, dans le monde entier, ont les mêmes idées humaines, et en se proposant comme lien fédératif entre tous les groupements et associations animées de tendances similaires.

Ce travail de cohésion et d'encerclement méthodiques s'est effectué et se poursuit en dehors des partis politiques, avec un esprit d'organisation, des soins et des précautions jalousement internationales, par l'institution de Sections de pays, et de Groupes locaux dessinés sur un même type.

Le Comité Directeur International est composé, en principe, de l'ensemble des dirigeants intellectuels et des secrétaires de sections de pays.

Ce Comité est encore en formation. Si jusqu'ici, des représentants de la section française y ont prédominé, c'est que le mouvement étant parti de France, cette prédominance s'est trouvée déterminée par les exigences de la tâche immédiate à remplir. Mais les statuts de « Clarté » veulent que ces disproportions soient éliminées et que l'ensemble du Comité Directeur s'équilibre par une égale représentation de chaque nationalité, au fur et à mesure de la fondation des sections de pays. De même, si le siège central de « Clarté » est fixé actuellement à Paris, c'est par suite des nécessités de l'élaboration constitutive. Cette localisation est susceptible de porter atteinte par le fait, en favorisant trop spécialement le rendement et l'influence de la section française, au caractère pratiquement international de l'œuvre totale. Le siège social central de « Clarté » pourra être, dans la suite, transféré ailleurs.

Il a paru nécessaire aux promoteurs de « Clarté » d'assurer de la fixité aux statuts et une autorité complète au Comité Directeur International. Cette importante décision a été approuvée, après explications, par la première assemblée clartiste, qui s'est rendu compte qu'une pareille entreprise doit être, par une mesure de principe, placée hors d'atteinte de modifications qui pourraient en altérer le sens en quoi que ce soit. Rien n'est délicat comme la pureté de l'idéal.

Cette union des hommes est déjà à elle

seule un acte. Malgré la qualité des efforts individuels des hommes de pensée — éminents ou obscurs — jusqu'ici, leur dispersion affaiblissait les uns, annihilait les autres. Leur alliance a permis aux esprits libres de constater qu'ils sont déjà dans le monde un nombre imposant, et leur a fait entrevoir combien serait vite féconde la propagande unifiée qu'ils entreprennent pour que toutes les fraternités fraternisent.

Les moyens d'action.

Le programme d'action de « Clarté » se résume ainsi :

Etendre en même temps son recrutement et sa propagande, chaque adhésion nouvelle étant une chance de victoire de plus, resserrer les contacts personnels, enrichir, perfectionner et rajeunir la communauté de pensée par des Congrès nationaux et internationaux, agir sur les masses — agir même parfois sur les pouvoirs — par la parole et l'écrit : des conférences, des réunions, des meetings, des appels, des publications (revue, éditions, tracts et livres qui, à mesure des possibilités, — car « Clarté » est pauvre — paraîtront à la fois en français, en anglais, en allemand, en italien, en espagnol, en russe, etc.)

Créer, en collaboration avec des associations spéciales ou par ses seules forces, des institutions, des comités d'études, de documentation, qui poursuivent un double but : 1° dénoncer et dévoiler toutes les turpitudes, toutes les tares et tous les crimes du système social actuel ; 2° établir, en tenant compte des faits, des expériences, des travaux, des suggestions, la loi nouvelle dans toutes ses précisions, la charte organique du Changement, de son stade de transition à son ordre définitif — et poursuivre cette divulgation des deux faces de la vérité avec une documentation approfondie et loyale qui garantira ses affirmations et lui conférera le respect et la confiance.

« Clarté » et les partis.

« Clarté » n'est pas un parti politique. C'est en toute indépendance d'esprit qu'elle a arrêté les principes de sa doctrine et de ses méthodes d'action, et qu'elle en arrêtera les modalités, dans la grande conspiration à ciel ouvert qu'elle entreprend contre l'ordre établi sur la souffrance humaine.

Elle ne fait pas double emploi avec les puissances constituées de redressement social, le Parti Socialiste et le Syndicalisme, qui sont les grands organismes de réalisation temporelle, le pouvoir exécutif de l'idéal nouveau. La discipline supérieure du progrès lui assigne une place distincte à côté de ces organisations. Elle a, parallèlement à elles, un rôle intellectuel, sa mission d'éclairer et de régulariser.

Mais contre elles, s'il le faut, avec toute la sérénité impersonnelle qu'exigent ces questions vitales, « Clarté » maintiendra l'intégrité de la doctrine unique de rédemption, et montrera que certaines fractions qui se disent encore socialistes, sont anti-socialistes. Cette accusation fait partie de l'idéal.

La doctrine politique qui lui paraît approcher le plus de l'idéal social est celle de la III° Internationale. Au reste, à travers les remous, la conscience socialiste se dirige vers les solutions les plus scientifiques et les plus passionnées, et y arrivera bientôt toute.

Les idées avancent, ou plutôt se clarifient. Il semble qu'on n'ose pas dévoiler d'un seul coup toute la vérité, et que l'esprit humain ne sait épeler qu'avec lenteur les amples conclusions morales et sociales, qui sortent de la raison, ou montent des événements et de la douleur.

Le socialisme n'a pas encore sur la terre l'âge d'un Clemenceau dont l'agonie aura essayé jusqu'au bout de se cramponner sur celle de la France. Il a accompli, depuis qu'il existe, une progression continue et émouvante, dont il faut être aveugle pour ne pas discerner déjà dans l'avenir, l'englobement mondial. Camille Huysmans constatait qu'au Congrès de Berne de février 1919, cinquante millions de travailleurs socialistes conscients étaient représentés. C'est par plus de cent millions d'adeptes, en soixante ans, que se marque l'acquisition du socialisme.

Mais cette mise en mouvement de l'humanité (qui s'effectue du reste par l'effort des éléments d'avant-garde, c'est-à-dire des éléments orthodoxes) ne gardera sa magnifique signification de promesse et de menace, que si le socialisme reste lui-même. Ses progrès ne seraient que des illusions de progrès si, par suite de concessions dans l'idée et de compromissions dans les actes, il se déformait. Il se déforme déjà, devient étrangement hétérogène. Nous le dirons haut et clairement : « Les socialistes « évolutionnistes » ou « nationaux », les « majoritaires » ne sont pas des socialistes. Leur programme diffère trop peu du programme stérilisé et bizarrement élagué des vieux « radicaux-socialistes », et leur présence dans le parti auquel toutes les espérances humaines sont attachées, est un péril dont on ne saurait exagérer l'importance ; l'acceptation de principe de la collaboration, même conditionnelle, avec la classe ennemie ou avec le gouvernement ennemi, est une abdication de la vérité socialiste. Dans dix-sept pays, des socialistes sont assis à la table des dirigeants, comme dit Paul-Louis. C'est de la déchéance et de la folie. L'idée de l'évolution graduelle a des abords douloureux et tentateurs, mais, pratiquement, cette combinaison où participe trop volontiers une bourgeoisie irréductible et capable de tout, impose le provisoire, émiette petit à petit les forces créatrices et use le progrès. Conséquence non moins grave ; elle désarme le socialisme, elle permet à l'action antipopulaire d'organiser en sécurité, derrière le décor démocratique, des répressions, des persécutions, de mûrir à loisir des lois d'exception, de fomenter au besoin, sans exciter de méfiance, des incidents diplomatiques et la guerre, grande détourneuse de marées.

Le socialisme en s'épurant, ne s'appauvrira pas : il s'enrichira. Ce qui garantit la majorité écrasante de demain, ce n'est pas tant le nombre des adhérents d'aujourd'hui, c'est surtout la netteté et l'intransigeance du programme, c'est la part de vérité humaine, attirante et indestructible, qu'il contient.

C'est ainsi que la Confédération Générale du Travail de France ne comprend pas suffisamment que c'est d'elle seule que peut venir sa victoire définitive. Les concessions que certains éléments du Parti semblent disposés à faire, en raison de la tentation de l'immédiat, ou du mauvais résultat des élections françaises (qui ne sont que des élections partielles dans l'ensemble mondial), la C.G.T. y incline par suite de sa prospérité même, qui lui a donné jusqu'à un certain point, une âme de nouveau riche. Maintenant qu'elle a deux millions d'adhérents, ses dirigeants ne pensent plus, ils le disent eux-mêmes, comme lorsqu'elle en avait six cent mille. La complaisance qu'elle témoigne pour la collaboration de classe, consécration de l'inégalité fondamentale, et qui ne doit être qu'impatiemment subie, le discrédit qu'elle aide trop la coalition capitaliste à jeter sur l'idée de grève politique, cela est, à vrai dire, un premier signe d'esprit d'égoïsme et d'embourgeoisement, un premier signe de déclassement : L'alliance consentie avec de tels ennemis est une défaite. La nécessité pour le prolétariat de se préparer techniquement pour supporter seul, lorsqu'il

le faudra, tout le poids de la production, n'a
rien à voir avec ces compromissions-là.

Les grèves professionnelles sont condam-
nées de plus en plus à avorter, à épuiser
en efforts stériles les caisses et les bonnes volontés, et cela parce que la politique capitaliste, tant qu'elle sévira, mettra le contrat du
travail dans des conditions de moins en moins
réalisables de part et d'autre. Mais la grève générale, la grève politique, ne peut pas ne pas
triompher dans les rares et majestueuses circonstances où il lui plairait d'éclater. La classe
ouvrière s'est trop facilement laissée persuader
de capituler avant l'action, le 21 juillet dernier.
Elle a commis une lourde faute contre ses
propres intérêts en ne manifestant pas son om-
nipotente volonté au sujet de la vie chère, de
l'amnistie et de l'intervention en Russie.
Qu'elle se méfie des appels fallacieux aux intérêts personnels (qui de la sorte, seront sub-
mergés un jour, les premiers). On n'abattra
pas le capitalisme par des attaques en ordre
dispersé, et les petites offensives sont battues
d'avance. Le calcul de l'avantage immédiat
est un mauvais calcul. Il entre dans les combinaisons des exploiteurs. Regardez quels sont
ceux qui vous conseillent le pacte de collaboration et le renoncement à la politique. Ne
voyez-vous pas que l'unanimité des réacti n-

naires dans ce concert est une preuve de la valeur du conseil, ne voyez-vous pas qu'ils espèrent en l'égoïsme des pauvres? (1).

C'est sur ces données-là que se joue le drame suprême. Tous les citoyens conscients du monde doivent suivre avec une attention passionnée les fluctuations et les poussées du socialisme qui emporte, bon gré mal gré, leur sort avec le sien, qui entraîne vers l'avenir les bonnes volontés des hommes libres et les cadavres des ignorants. Le haut devoir d'un parti qui est celui de la moralité rebelle et audacieuse, est de savoir se recommencer lorsqu'il le faut, de condamner parfois le passé, comme il y est appelé dans les circonstances présentes, et d'en ressurgir tout entier.

Le peuple ne vaincra que le jour où il se retrouvera tout entier lui-même, lui seul, dans

---

(1) L'exemple des travailleurs américains montre les résultats de cette tactique des capitalistes. Dans le grand mouvement de réaction que les capitalistes des Etats-Unis ont luxueusement lancé contre le socialisme, véritable chasse au prolétariat, les travaillistes de Gompers et Gompers lui-même, qui représentent une formule syndicaliste minima, exclusivement corporative, et antipolitique, sont traités de « rouges » et vilipendés par la presse de l' « ordre » ni plus ni moins que les énergiques et rigides socialistes des *Industrial Workers of the World*. L'ingratitude des puissants a oublié la part qu'avait prise l'*American Federation of Labour* et son chef dans les persécutions organisées contre les groupements ouvriers de gauche.

sa force et dans sa sagesse, et sera capable de rejeter en bloc la collaboration tyrannique où le courbe le privilège. Il ne vaincra que d'un seul coup.

Et par ailleurs, haussons-nous à la hauteur des grandes simplicités réalistes, et ne faisons pas autour de la lutte gigantesque de l'impérialisme et du bolchevisme qui seuls se partagent le présent terrestre, des ratiocinations et des réserves de pygmées.

A Tous.

Nous demandons à tous de venir grossir nos rangs.

Nous jetons notre appel dans tous les pays à la fois, et d'abord, dans ceux avec lesquels la France a été en guerre. Nous ne voulons plus désormais distinguer les hommes par leur nationalité. Le mot : étranger, n'a plus pour nous son vieux sens superficiel. Le mot : victoire n'a plus pour nous la signification que lui donnent les chauvins français et les chauvins allemands. Il y a, partout, dans tous les pays du monde, deux espèces d'étrangers et deux espèces d'ennemis : les exploiteurs et les exploités. La distinction des vainqueurs et des vaincus ne se fait pas par des délimitations de frontières taillées arbitrairement dans la chair des peuples, mais par la scission profonde et implacable qui, partout, sépare l'humanité en deux. Nous tous, qui avons pitié du genre humain et foi dans la raison, nous sommes les vaincus des mêmes vainqueurs. Luttons ensemble pour la revanche, non de tel ou tel bloc capitaliste, mais des pauvres, épars dans l'étendue. Notre idéal d'opprimés n'est encore qu'une lumière. Mais si nous le décidons ensemble, un jour viendra où elle descendra des nues, et, par nous, peuplera la terre.

Nous faisons appel aux hommes de pensée pour qu'ils travaillent à la victoire de la pensée. Écrivains, professeurs, instituteurs, étudiants, artistes, savants, techniciens, vous avez un pouvoir qui vous charge d'une grave responsabilité à cette époque formidable où nous sommes, au bout de ce chemin de décombres et du champ de bataille de l'histoire, et alors que la vie géante du monde commence enfin à se révolter contre la mort, à se régénérer par la colère et la volonté.

Le désintéressement de beaucoup de littérateurs pour la cause pathétique des hommes, est anarchie paradoxale ou impuissance. Celui qui a pour métier de montrer la vérité dans des œuvres, peut-il être aveugle au mal qui existe, et au remède, qui existe aussi ! L'homme de lettres qui se tient systématiquement à l'écart des grandes idées sociales et politiques, atrophie sa mission d'écrivain et déshonore sa mission d'homme, puisque l'horreur universelle ne peut changer que par des mesures d'ordre politique.

Nous faisons appel, pour notre œuvre intellectuelle, aux travailleurs manuels comme aux intellectuels. Ils sont tous, au même titre, des consciences et des intelligences. Tous les hommes, quels que soient leurs origines, leurs métiers, qu'ils travaillent de leurs mains ou de leurs cerveaux, sont la même espèce d'intellectuels, s'ils ont le même rayonnement intérieur et servent la même croyance de raison. C'est la véracité des idées, et non la complexité des connaissances, ou le don d'exprimer, qui mesure la qualité individuelle. Renonçons, ici aussi, au sens traditionnel de cette distinction archaïque qu'on trace entre « l'élite » et le reste des hommes. Il n'y a qu'une élite humaine, et elle est composée de ceux qui comprennent. Les honneurs et la célébrité, ou même le talent, n'empêchent pas les ennemis de la raison et les négateurs du progrès de faire partie de la masse méprisable et stupide : leur intellectualité ne sert qu'à faire de leur ignorance, un vice. Il y a moins de savoir acquis mais il y a plus d'intelligence dans telle réunion populaire aux figures ouvertes et avides, aux regards francs et appelants, que dans tel ou tel conclave de l'Académie Française. Ceux-là qui s'émeuvent comme nous, du drame présent et de l'avenir, ceux-là sont nos seuls pareils, comme ils sont nos seuls parents.

Il a subsisté trop longtemps entre les intellectuels et les ouvriers, une méfiance réciproque entretenue par la propagande aristocratique, par l'hostilité bornée de certains prolétaires, par la médiocrité d'esprit de bien des intellectuels. Refaisons, là comme partout, des accords nouveaux. Les manuels et les intellectuels de même croyance, de même niveau moral, doivent se chercher, et s'élever à la sagesse de la fraternité.

D'ailleurs les intérêts de tous les travailleurs, en tant que tels, sont pareils et s'harmonisent. Les producteurs de la littérature et de l'art font partie du même prolétariat que les autres. Certes, la somptueuse destinée exceptionnelle des artistes et leur sainte ambition portera toujours en elle un risque terrible. Quoi qu'il en soit, les artistes n'ont

rien à perdre et ont tout à gagner à l'ordre
de justice qui restitue la souveraineté à la
seule production.

Nous nous adressons aux femmes, qui font
la vie et qui laissent faire la mort, aux jeunes
gens, pères de l'avenir, pour qu'ils se refu-
sent à la barbarie qui guette leur corps et
qu'ils donnent leur âme à l'idée neuve. Il ne
sert à rien de résister quand l'irréparable
s'est déclaré et qu'on est étreint par les événements. Le surhéroïsme du soldat qui n'obéit
qu'aux ordres de sa conscience, est un sacri-
fice étouffé, une belle tragédie perdue. L'humanité n'a plus le loisir d'espérer longtemps.
Elle a besoin de sagesses précoces. Que les
jeunes gens incarnent la robuste jeunesse de
l'esprit.

Nous nous adressons à tous, à tous, à ceux
de cette grande masse inconnue, informe et
déserte, où des voix hasardent timidement,
petitement « Ce serait si beau, si tout le
monde était d'accord ! », et nous mettrons
en face les uns des autres tous les milliers,
tous les millions d'hommes qui disent cela et
qui seraient d'accord ; nous ferons disparaître
la stérilité de ces innombrables isolements, la
différence de folie qu'il y a entre chacun et
tous.

C'est à vous de choisir entre la loi simple

qui dit que la guerre des classes s'anéantira par l'unification des classes et celle des peuples par l'unification des peuples — si hautainement irréalisée qu'elle soit encore — et l'état social désordonné, fait d'inégalité et d'idolâtrie, qui signifie : lutte du luxe contre la vie, guerre civile et guerre étrangère.

Vous pouvez tout, puisque vous êtes les hommes et que toujours, et partout, depuis le premier seuil de l'histoire, c'est vous qui avez tout fait.

Il y a eu des gens pour dire que la guerre est un châtiment d'en haut, mérité par les péchés des hommes. Ils n'ont qu'à moitié tort, mes camarades. La guerre est un châtiment. C'est le châtiment énorme mérité par la multitude, qui est la force même, et qui accepte de se détruire avec ses propres mains.

Nos yeux sont encore pleins des aspects étranges et fantastiques des nuits de guerre. Quand les soldats sombres défilaient le long des trous sans fin, ployés sous leur fardeau et sous le fardeau plus grand du ciel tombant comme une mer et zébré d'éclairs conscients et volontaires, d'éclairs sortis de la main des hommes ; quand les vivants écrasés vivaient parmi les morts et qu'ils tâtonnaient, avec quelles fatigues, avec quelles difficultés, vers leurs propres tombeaux — comme les Réprouvés de l'Ecriture, comme la Bête Emissaire, incarnation biblique et effrayante de l'innocence, ils portaient sur leur dos le poids de toute l'iniquité du monde.

Et ce sont les mêmes qui ont marché contre les Russes dépouillés de leurs chaînes et redressés ; les mêmes qui, à Berlin, ont lancé des torpilles, des liquides enflammés et des chars d'assaut sur la sainte exaspération de la foule, et mitraillé le deuil et la faim ; les mêmes qui auraient fusillé Jaurès ou qui fusilleraient Lénine.

C'est vous, vous seuls, qui avez tout fait. Quand donc, vous qui êtes la puissance du mal, serez-vous enfin celle de la justice ! Il n'y a pas de sauveur : vous êtes vous-mêmes vos propres sauveurs. Il n'y a pas de dieux, il n'y a que ce qui parle et qui réclame au fond de vous. Le monde sera ce que vous voudrez qu'il soit.

Venez à nous. Nous vivons pour la vérité, et nous sommes prêts, s'il le faut, à souffrir jusqu'au bout pour elle. C'est par là seulement que nous pourrons trouver l'excuse d'avoir été témoins d'un apogée d'ignominie ; c'est par là seulement que cette époque se justifiera aux yeux d'une postérité qui sera juste, ou qui ne sera pas.

Décembre 1919.

Statuts du Groupe " CLARTÉ "

Formation — But

ARTICLE PREMIER. — *Il est fondé pour une durée illimitée une Association universelle ayant pour titre :* « Ligue de Solidarité Intellectuelle pour le Triomphe de la Cause Internationale » *mais qui sera appelée* « Le Groupe Clarté ».

ART. II. — *Cette Association a pour but d'exercer en toute indépendance l'action désignée par son titre.*

Direction

ART. III. — *« Le Groupe Clarté » est dirigé par un Comité Directeur International, dont le Siège a été fixé à Paris par la nécessité de le domicilier au lieu de l'organisation initiale. Ce Comité est seul autorisé pour prendre toutes décisions concernant l'action générale du groupement.*

Afin que les sections de pays (Art. VII) jouissent entre elles des mêmes droits, ce Comité Directeur International sera composé pro-

portionnellement à l'importance des pays re-présentés. —

Ce comité est originairement constitué par Henri Barbusse, Georges Brandès, Paul Colin, Victor Cyril, Georges Duhamel, Eckhoud, Anatole France, Noël Garnier, Charles Gide, Thomas Hardy, Henry-Jacques, Vincente Blasco Ibanez, Andréas Latzko, Laurent Tailhade, Raymond Lefebvre, Magdeleine Marx, E.-D. Morel, Edmond Picard, Charles Richet, Jules Romains, René Schickelé, Séverine, Upton Sinclair, Steinlen, Vaillant-Couturier, H.-G. Wells, Israël Zangwill, Stephan Zweig.

Les membres de ce Comité sont irrévocables et inamovibles. En cas de démission ou de décès, il sera pourvu à leur remplacement par cooptation.

Le Comité pourra en outre s'adjoindre de nouveaux membres dans l'intérêt du groupe.

ART. IV. — *Un Bureau désigné par le Comité Directeur International sera chargé de l'exécution purement matérielle des décisions prises par ce Comité.*

Il est composé de : un secrétaire général, trois secrétaires, un trésorier, un trésorier adjoint.

Ce Bureau sera placé sous le contrôle perma-
nent du Comité Directeur International.

Composition

ART. V. — On devient membre du groupe
en adhérant aux présents statuts, et en coti-
sant suivant les conditions fixées par l'article VI.

Cette adhésion ne deviendra définitive
qu'après la délivrance de la carte d'adhérent
par les soins du Comité Directeur International.

ART. VI. — La cotisation annuelle ne pourra
être inférieure à 5 francs, pour les membres
actifs, 20 francs, pour les membres donateurs,
100 francs, pour les membres fondateurs ; ou
une valeur correspondante pour chaque pays.

Chaque membre pourra devenir « membre
perpétuel » s'il verse une somme égale à vingt
fois le montant de sa cotisation.

ART. VII. — Les membres de « Clarté »
se groupent en autant de sections que de pays.

Nulle section de pays ne pourra se former
sans l'autorisation du Comité Directeur International.

Ce Comité pourra dissoudre toute section de

pays dont l'action aura été contraire à l'esprit et au règlement des présents statuts.

ART. VIII. — Un Comité désigné pour chaque section de pays sera chargé d'étudier les moyens de propagande et de recrutement à appliquer d'accord avec le Comité Directeur International.

Il nommera un Bureau chargé d'exécuter ses décisions.

Ce Bureau comprendra au moins : un secrétaire général et un trésorier ; il pourra s'augmenter de secrétaires adjoints et d'un archiviste.

ART. IX. — Ce Comité pourra décider la subdivision de sa section en groupes locaux, dont il déterminera la circonscription territoriale. Nul groupe local ne pourra se former sans être autorisé par ledit Comité.

ART. X. — Un Comité désigné par chacun de ces groupes, sera chargé de l'action locale arrêtée d'accord avec le Comité de la section.

Ce Comité nommera un Bureau composé d'au moins : un secrétaire et un trésorier. Ce Bureau sera chargé d'exécuter les décisions du Comité de groupe.

ART. XI. — Toutes les cartes d'adhérents

seront délivrées aux Sections de pays par le Comité Directeur International, qui percevra le cinquième des cotisations pour les besoins de la propagande générale.

Chaque Section de pays délivrera les cartes aux groupes locaux et percevra également le cinquième des cotisations pour les besoins de la propagande nationale.

Le Comité Directeur International pourra seul recevoir des dons au profit de l'ensemble du groupe.

ART. XII. — Ces statuts ayant été rédigés au point de vue international supérieur à toutes les lois ou prescriptions de pays, chaque Section de pays établira, pour son fonctionnement propre, des statuts particuliers conformes aux présents, sauf les strictes modifications imposées par la loi de sa nationalité.

ART. XIII. — Pour accroître son influence morale et ses moyens d'action, le Groupe « Clarté » pourra accepter, par l'organe de son Comité Directeur International, l'adhésion collective de tout groupement ayant des aspirations similaires.

Les rapports avec ces groupements seront déterminés par des accords particuliers.

Assemblées générales et Congrès

ART. XIV. — *Une Assemblée générale obligatoire des membres de toutes les Sections du pays aura lieu chaque année, au mois de janvier, dans une ville à désigner par le Comité Directeur International.*

Ce Comité aura en outre le droit de convoquer l'Assemblée générale toutes les fois que sa réunion lui paraîtra nécessaire dans l'intérêt du groupe.

ART. XV. — *L'Assemblée générale annuelle entend le rapport fait au nom du Comité Directeur International sur les travaux de l'exercice écoulé, les résultats obtenus et la situation financière du groupe. Elle approuve les comptes qui lui sont présentés.*

ART. XVI. — *Ne pourront voter que les membres ayant acquitté régulièrement leurs cotisations.*

ART. XVII. — *Il sera tenu tous les ans, dans le courant du mois de Mai, pour chaque pays, un Congrès national.*

Il sera en outre tenu, au mois de Novembre, un Congrès International dans une ville à désigner.

Ainsi sera véritablement constituée l'Internationale de la Pensée.

Radiations

ART. XVIII. — *Le Comité Directeur International et les Comités de sections pourront procéder de droit à la radiation de ceux qui n'acquitteront pas leur cotisation et de ceux qui lui paraîtront, par leur attitude, leurs actes ou leurs écrits, agir dans un sens nuisible aux intérêts moraux ou matériels du Groupe.*

Modifications aux Statuts

ART. XIX. — *Ces statuts ne pourront être modifiés que sur proposition du Comité Directeur International, approuvée par la majorité des membres présents à l'Assemblée Générale convoquée à cet effet.*

Dissolution

ART. XX. — *En cas de dissolution anticipée prononcée par l'Assemblée Générale aux deux tiers des Membres cotisants, le fonds social sera réparti à des œuvres ayant un caractère humanitaire, et qui seront désignées par le Comité Directeur International.*

Table des matières

Imp. de la Sté Mne d'Edition, 95, rue Oberkampf, Paris